JN301203

すぐに役立つ

# 損害保険のしくみと病気・災害・事故のトラブル解決手続きマニュアル

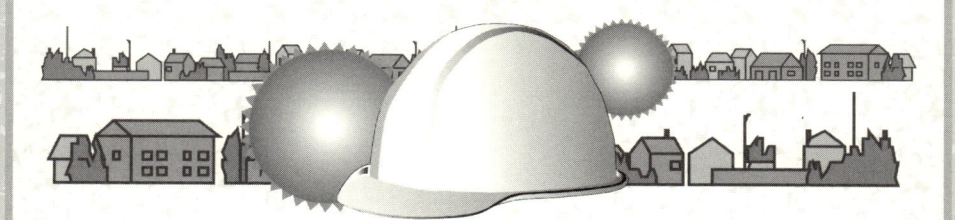

社会保険労務士・
ファイナンシャルプランナー **森本幸人** 監修

三修社

本書に関するお問い合わせについて
本書の内容に関するお問い合わせは、お手数ですが、小社
あてに郵便・ファックス・メールでお願いします。
なお、執筆者多忙により、回答に1週間から10日程度を
要する場合があります。あらかじめご了承ください。

## はじめに

　私たちは、日常生活の中で数々の災難に遭遇する危険にさらされています。その災いによる精神的なダメージや経済的な負担も図り知ることができません。このような場合に、私たちは事故や災難による経済的な損失に対する不安を軽減するため、安いコストで保障を確保します。いわば「安心」を買うのです。**保険制度**とは、そのような不測の事態に備えて保険料を集め、共同備蓄を形成し、保険金の支払いによって経済的な損失を補てんするという相互扶助の精神から生まれた社会的制度です。

　また、日常生活で生じた事故などのトラブルに備えて、法律はさまざまな解決手段を用意しています。他人にケガをさせてしまった場合など、他人に損害を与えたときに、金銭の支払いによって償う方法が**損害賠償**です。損害賠償で補てんされるものは、財産的な損害だけには限りません。悲しみや恐怖、痛みや恥辱などによって生じる精神的な苦痛や損害についても金銭に評価して補てんする**慰謝料**というものがあります。

　本書は、さまざまな要因で発生する事故や災害を予防するための「保険」と「法律知識」や「手続き」を1冊に集約した本です。

　第1章では、被災したような場合に、何をすべきか、どのようなサポート制度があるのかについてとりあげています。2章では、損害保険のしくみと手続きをについてやさしく解説しました。3章では、法律が規定する損害賠償のルールについて解説し、4章で交通事故についてくわしく解説しました。5章以下では、病気やケガをした場合の「保険制度」についてとりあげています。5章で健康保険、6章で各種医療保険、7章で、労災保険について解説しています。

　平成23年3月に発生した東日本大震災の影響を受けて定められた特例や指針、損害賠償についての動向についても、可能な限り収録しています。

　本書をご活用いただき、皆様のお役に少しでも立てれば、監修者としてこれに勝る喜びはありません。

　　　　　　　　　　監修者　社会保険労務士・ファイナンシャルプランナー
　　　　　　　　　　　　　　　　　　　　　　　森本　幸人

# Contents

はじめに

## 第1章
### もしも被災したらどうする

| | |
|---|---|
| 1 被災したときにまずすべきこと | 10 |
| 書式 り災証明書 | 11 |
| 2 公的な支援制度にはどんなものがあるのか | 13 |
| 3 住宅関連の支援制度について知っておこう | 16 |
| 4 住宅ローンの返済に困ったらどうする | 19 |
| 5 被災して失業したらどうする | 24 |
| 6 災害弔慰金や災害障害見舞金について知っておこう | 26 |
| 7 緊急融資について知っておこう | 28 |
| 8 災害による損失は確定申告で取り返そう | 30 |
| 9 家族が死亡したら遺族年金を請求する | 34 |
| 書式 遺族給付裁定請求書（抜粋） | 41 |
| 10 震災の影響で保険の継続手続きを怠っていたとき | 42 |

## 第2章
### 損害保険のしくみ

| | |
|---|---|
| 1 損害保険について知っておこう | 44 |
| 2 火災保険とはどんなものなのか | 47 |
| 3 火災保険に加入する際の保険会社や代理店の選び方 | 49 |
| 4 火災保険の保険金はどのように決まるのか | 51 |
| 5 住宅用火災保険にはこんな種類がある | 54 |

| 6 店舗用の火災保険にはどんな特徴があるのか | 56 |
| 7 賃貸住宅に関する火災保険の特徴とは | 58 |
| 8 家財保険や地震火災費用保険金について知っておこう | 60 |
| 9 火災保険金が出ない場合を知っておこう | 62 |
| 10 地震保険の特徴について知っておこう | 64 |
| 11 損害区分について知っておこう | 69 |
| 12 地震保険で補償されないものについて知っておこう | 72 |
| 13 これから地震保険に入るためのポイント | 73 |
| 14 火災保険・地震保険の保険金請求について知っておこう | 75 |
| 15 傷害保険にはどんな特徴があるのか | 77 |
| 16 個人賠償責任保険にはどんな特徴があるのか | 83 |
| 17 積立型の損害保険にはどんな特徴があるのか | 86 |
| 18 自賠責保険とはどのような保険なのか | 88 |
| 19 健康保険や労災保険を上手に活用しよう | 91 |
| 20 自賠責保険が利用できない場合について知っておこう | 94 |
| 21 自賠責保険の請求方法を知っておこう | 96 |
| 22 強制保険の請求に必要な書類を見てみよう | 99 |
| 書式 自動車損害賠償責任保険支払請求書 | 102 |
| 書式 交通事故発生届 | 103 |
| 書式 事故発生状況報告書 | 104 |
| 書式 診断書 | 105 |
| 23 任意保険のしくみを知っておこう | 106 |

## 第3章
### 損害賠償制度と示談のしくみ

| 1 損害賠償とはどんなものか | 112 |
| 2 債務不履行と損害賠償について知っておこう | 114 |

3　不法行為と損害賠償について知っておこう　　　　　　　116
　4　損害にはどのようなものがあるのか　　　　　　　　　　118
　5　損害賠償請求権が時効消滅する場合とは　　　　　　　　121
　6　示談でトラブルを解決する　　　　　　　　　　　　　　123
　　　書式　示談書　　　　　　　　　　　　　　　　　　　　124
　7　さまざまな場合の賠償請求について知っておこう　　　　125

## 第4章
### 交通事故に遭ったときの損害賠償

　1　損害の中身を知っておこう　　　　　　　　　　　　　　134
　2　損害賠償を請求できるのはだれか　　　　　　　　　　　138
　3　損害賠償責任はだれにあるのか　　　　　　　　　　　　140
　4　傷害事故の場合の損害賠償について知っておこう　　　　143
　5　休業損害や慰謝料の算出のしかたを知っておこう　　　　147
　6　交通事故の後遺症の場合の損害賠償請求はどうする　　　150
　7　死亡事故の場合の損害賠償について知っておこう　　　　153
　8　死亡事故の場合の損害賠償額の支払基準を知っておこう　155
　9　死亡慰謝料はどのようにして算定するのか　　　　　　　159
　10　物損事故ではどこまで賠償されるのか　　　　　　　　　161

## 第5章
### 健康保険のしくみと利用法

　1　健康保険のしくみはどうなっているのか　　　　　　　　164
　2　療養の給付について知っておこう　　　　　　　　　　　168
　3　保険外併用療養費について知っておこう　　　　　　　　171
　4　高額療養費について知っておこう　　　　　　　　　　　173
　5　傷病手当金について知っておこう　　　　　　　　　　　176

|   |   |   |
|---|---|---|
| 6 | 入院時食事療養費・生活療養費について知っておこう | 178 |
| 7 | 訪問看護療養費と移送費について知っておこう | 181 |
| 8 | 死亡した場合に給付が行われる | 183 |
| 9 | 業務以外で負傷・病気をしたときに手当金を受けるための手続き | 185 |
| 書式 | 健康保険傷病手当金請求書 | 187 |
| 10 | 高額の医療費を支払ったときの届出 | 190 |
| 書式 | 健康保険被保険者高額療養費支給申請書 | 191 |
| 11 | 業務外で死亡したときの届出 | 193 |
| 書式 | 健康保険被保険者埋葬料（費）請求書 | 194 |
| Column | 「保険」にもいろいろある | 196 |

## 第6章
## 医療保険・医療特約のしくみ

|   |   |   |
|---|---|---|
| 1 | 医療の必要保障額を考えてみる | 198 |
| 2 | 医療保険はどんな保険なのか | 200 |
| 3 | 医療保険の保険料について知っておこう | 204 |
| 4 | 入院ならなんでもＯＫというわけではない | 205 |
| 5 | 医療特約の継続を検討する際の注意点 | 206 |
| 6 | ガン保険はどんな保険なのか | 207 |
| 7 | 所得補償保険はどんな保険なのか | 212 |
| 8 | 収入保障保険と就業不能保障保険とはどんな保険なのか | 214 |
| 9 | 介護費用保険はどんな保険なのか | 216 |
| Column | 被災地を支援したいという人のための納税方法 | 218 |

## 第7章
## 労災保険のしくみと利用法

|   |   |   |
|---|---|---|
| 1 | 労働者が仕事中にケガや病気をしたときに労災保険を利用する | 220 |

| | |
|---|---|
| 2 補償内容について知っておこう | 224 |
| 3 第三者行為災害とはどんなものなのか | 227 |
| 4 仕事中や通勤途中の病気やケガで治療を受けたときの届出 | 229 |
| 書式 療養補償給付たる療養の給付請求書 | 230 |
| 5 労災で治療を受けている病院を変えたいときの届出 | 231 |
| 書式 療養補償給付たる療養の給付を受ける指定病院等（変更）届 | 232 |
| 6 労災指定病院以外の病院で治療を受けたときの手続き | 233 |
| 書式 療養補償給付たる療養の費用請求書 | 235 |
| 7 第三者による行為で労働災害にあったときの届出 | 237 |
| 書式 第三者行為災害届 | 239 |
| 8 業務中や通勤途中にケガや病気をしたときの届出 | 243 |
| 書式 休業補償給付支給請求書 | 245 |
| 9 治療開始後1年6か月経っても治らなかったときの届出 | 249 |
| 書式 傷病の状態等に関する届 | 250 |
| 10 一定の遺族には労災保険の遺族（補償）年金が支払われる | 251 |
| 書式 遺族補償年金支給請求書 | 254 |
| 11 被災した場合に勤務中であればどうする | 255 |

第1章

# もしも被災したらどうする

# 1 被災したときにまずすべきこと

身の安全を確保したら、り災証明書の申請に着手しよう

## 何をすべきか

　被災時に優先的に行うべき最優先事項は、まずは、安全な場所への避難です。避難の際には、非常持ち出し袋と身分証明書などが入った財布を持っていくのがベストです。災害時には、生活物資は配給されますが、被害によっては配送も滞る可能性があるため、日頃から非常持ち出し袋の場所・中身の確認をしておかなければなりません。現金は、10万円位をメドに用意しておきたいところですが、お釣りが出ないように1000円札や小銭も準備しておきましょう。

　また、カメラや携帯電話のカメラ機能を使って被害状況を撮影しておくとよいでしょう。この写真は、**り災証明書**の発行にも必要になります。なお、被害状況を正確に伝えるため、散らかった物の片付けや壊れた箇所の補修は、写真を撮ってからにしてください。というのは、片づけ、補修を先にしてしまうと被害にあった証拠が残せなくなるからです。

　非難が一段落したら、義援金や支援金を受け取るための証明書（り災証明書）の発行申請を行います。地震の場合には、全壊、大規模半壊、半壊、一部損壊の4つのレベルで、被害が評価され、その被害のレベルに応じて、受け取れる義援金、支援金などの額が決まります。

## り災証明書の発行手続きは早い方がよい

　り災証明書は、災害によって受けた被害の程度を証明する文書です。この書類は、各種支援制度の申込み、義援金の受け取り、保険金の請求などの手続きに必要になってきますので、被災後、なるべく早いう

ちに発行手続きを行うようにしましょう。発行は、各地方自治体（市区町村）で行っています。申請書に必要事項を記入し、被害状況がわかる証拠写真とセットにして市町村の窓口に提出します。申請後2〜3日で調査員が現場で被害状況の確認を行い、り災を確認すると、証明書が発行されるというしくみです。

なお、申請書は、市町村の窓口、ホームページで入手できます。

## 書式　り災証明書

### り　災　証　明　書
◎太わく部分をご記入ください。

| 申請者 | 住所 | ○○県○○市○丁目○番○号　TEL(○○○)○○○○－○○○○ |
|---|---|---|
| | （現在の連絡先） | ○○県××市×丁目×番×号　TEL(○○○)×××－×××× |
| | （フリガナ）コウノ　イチロウ | |
| | 氏名（り災者と同じ場合は記載不要です。）　甲野　一郎　印 | |

| り災者氏名 | （フリガナ）　　　　　印 |
|---|---|

| り災世帯の構成員 | 氏名 | 続柄 | 性別 | 生年月日 | 氏名 | 続柄 | 性別 | 生年月日 |
|---|---|---|---|---|---|---|---|---|
| | 甲野　一郎 | 本人 | 男・㊛ | S41.8.25 | 甲野　良子 | 子 | 男・㊛ | H11.5.10 |
| | 甲野　花子 | 妻 | 男・㊛ | S42.6.15 | | | 男・女 | ・・ |
| | 甲野　太郎 | 子 | ㊚・女 | H8.11.10 | | | 男・女 | ・・ |

| り災場所　申請資格　建物の使途 | ☑ 持家　居住者<br>□ 借家　居住者(所有者名：　　)<br>□ 貸家　家主 | □ 住宅<br>□ 非住宅(　　) |
|---|---|---|

| り災建物の所在地 | ○○市　　○丁目　　○番　　○号<br>　　　　　　　　　　　番地<br>（マンション等名称　　　　　　） |
|---|---|

| り災程度 | □全壊　□大規模半壊　□半壊　□一部破損 |
|---|---|
| り災原因 | 平成23年3月11日 発生した<br>　平成23年東北地方太平洋沖地震　による。 |

上記のとおり相違ないことを証明します。

22税制第129－　号
平成　年　月　日

○○市長　　乙野　次郎　印

## ■ 通帳や印鑑を紛失したら

　地震による津波や火災で通帳や印鑑を紛失してしまっても、預貯金を消えてなくなることはありません。また、災害で通帳、印鑑の紛失した場合、金融機関は、簡易な手続き（本人確認のみ）で預貯金の払戻しに応じてくれます。払戻可能額は、ゆうちょ銀行で1日1回20万円まで、その他の金融機関で1日10〜20万円です。金融機関での本人確認の際には、顔写真つきの身分証明書（運転免許証、パスポート）があると便利です。

　災害時には、金融機関も臨機応変に対応してくれることがあります。困ったことがある場合には、まずは窓口に相談しましょう。

## ■ 保険証書を紛失したら

　被災して保険証書を紛失しても、本人確認ができ、請求さえすれば、保険金が受け取れます。ただ、証書がないと、自分がどんな保険に加入しているのかわからなくなってしまうかもしれません。その場合でも、保険会社に問い合わせれば教えてくれますので大丈夫です。証書を紛失して、契約している保険会社がわからない場合は、地震保険については、「地震保険契約会社照会センター」（0120－501331）、生命保険については「災害地域生保契約照会センター」（0120－001731）に問い合わせれば、契約保険会社を確認できます。

　また、大災害においては、普通だと保障の対象外になるケースでも、特別な措置がとられることにより、保険金が支払われることがあります。東日本大震災では、生命保険や損害保険の保険料の払込みを一定期間猶予する措置も実施されています（42ページ）。新聞、ニュースや、被災者支援のための役所・専門家の無料相談などを利用して保険金の支払いについての情報を入手するようにしましょう。

## ② 公的な支援制度にはどんなものがあるのか

被災時の当面の生活を支えてくれる支援制度を押さえよう

### 生活のための資金はどうする

　被災者が、身の安全を確保できた後に考えるべきことは、当面の生活費をどうするかです。災害によって失業した上、蓄えもない場合には、生活費をどこかから借りる必要があります。その際に役立つ公的な貸付制度が2つあります。

① 災害援護資金

　自然災害によって、世帯主が負傷した場合や、住居や家財に大きな損害が生じた場合に、公的資金を貸し付けるものです。償還期間は最大で10年間、貸付限度額は、最大350万円です。最長で5年間、無利子で借りることができます。ただし、世帯人員が1人であれば220万円、4人家族であれば730万円のように、所得制限が設定されており、所得制限を超える高額所得者は災害援護貸付を利用することができません。

　また、阪神大震災のときに災害援護資金の年利の重さや貸付条件が問題になったことから、東日本大震災の被災者に対する災害援護資金貸付については、保証人がいなくても融資を受けられることができる、「償還期間と据置期間の3年間延長」といった特例措置が実施されています。

② 生活福祉資金制度による貸付

　この貸付制度は、主に低所得者を対象にしたものです。災害時に緊急かつ一時的に生活費を支払えなくなった人が、上限10万円の緊急小口貸付と、資金の目的に応じて福祉費の貸付を受けられます。なお、東日本大震災では、被災した世帯であれば、所得に関係なく、無利息

の緊急小口貸付が受けられる特例措置が実施されています。

## ■ 子どもの就学や養育に関する支援

　子供の就学・養育に関する公的な支援制度として、ます、災害救助法に基づく学用品等の無償供与があります。これは、災害によって学用品を失った児童や生徒に対して、教科書、文房具、通学用品などを現物支給するものです。被災によって小、中学生の子供を学校に通わせることが経済的に困難になった保護者を対象にした小、中学生の就学援助措置制度が利用できます。学用品代、通学費用、給食費などの援助が受けられます。

　また、日本学生支援機構が実施する奨学金に関する援助措置を利用することもできます。これには貸出に関する措置と、返済に関する措置の2つがあります。

　貸出に関する措置は、災害による家計が悪化した大学生などを対象に、新たに奨学金を貸し出すものです。奨学金の申込みは、在学している学校を経由して行います。奨学金は無利息、利息つきの2種類があります。申込みにあたっては、本人の学力と家計の状態に関して一定の基準を満たす必要があります。

　返還に関する措置は、被災によって、奨学金の返還が難しくなった大学生などを支援するものです。一定の期間、月々の返済額を減らし、その分を先延ばしにする措置（減額返還）と、返済期限を一時猶予する措置（返済猶予）が実施されます。返還に関する措置は、主に災害救助法が適用される地域に住んでいる世帯を対象にしたものですが、その近隣地域の世帯も対象になることがあります。詳しくは、日本学生機構の奨学金返還センターに確認してください。

## ■ 生活保護の利用も検討する

　東日本大震災で申請の大幅増加が懸念されているのが**生活保護**です。

生活保護制度は、生活に困っている人の最低限度の生活を保障し、将来的には自立できるように必要な援助を行うことを目的とした制度です。

　生活保護は原則として個人ではなく、生計を同一にしている世帯ごとに受給が行われます。生活保護の支給基準となるのが生活保護基準です。生活保護基準とは、その世帯の人数や、年齢などによって決められるもので最低生活費の金額となるものです。最低生活費とは、水道光熱費や家賃、食費など、生活に必要になる最低限の費用です。生活保護基準は市区町村によってその金額も違い、物価の高い地域では基準額も高めに設定される傾向にあるようです。

　世帯の収入認定額と生活保護基準で定められている最低生活費を比較して、申請世帯が生活保護の受給対象となれるかどうかが判断されます。収入には、働いて得た収入はもちろん、仕送りや年金も収入として扱われます。

　収入認定額が生活保護基準額より少ない場合は、生活保護が支給され、支給額は原則として最低生活費から収入認定額を差し引いた金額となります。厚生労働省では生活保護の基準額表を毎年公表していますから、これで自分に生活保護を受ける「資格」があるかどうかをチェックしてみるとよいでしょう。

■ **生活保護の支給額**

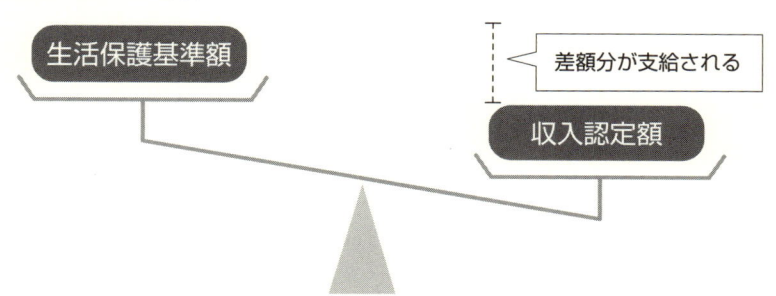

生活保護基準額　　　　　　　　差額分が支給される
　　　　　　　　　　　　　　　収入認定額

# ③ 住宅関連の支援制度について知っておこう

住居の建て直し、修繕、転居について支援が受けられる

### ■ どんなときに活用するのか

　地震などの災害によって住居が壊れて、生活に支障が生じてしまった場合には、住宅の建て直し、修繕、転居などのさまざまな対応が必要になってきます。国や地方自治体は、そうした対応に必要な支援を行っています。

　一戸建ての持ち家が全壊してしまった人は、その家を再建し、また住むかもしれません。その場合には、被災者生活再建支援制によって、最大300万円の支援金が支払われます。また、賃貸住宅が全壊して住めなくなった人は、転居を検討するかもしれません。その際、一定の条件を満たせば、公営住宅への入居、特定優良賃貸住宅への入居が可能です。加えて、トイレなどの日常生活に必要な箇所が壊れて使えなくなった場合には、災害救助法による応急修理を受けることができます。

### ■ どんなものがあるのか

　自然災害によって、住居に損害が生じた場合に適用されるおもな公的支援制度には以下のものがあります。

　まず、**被災者生活再建支援制度**があります。これは自然災害によって住居が全壊するなど大きな損害を受けた世帯に対して支援金を支給する制度です。最大で300万円が支払われる制度です。支給される金額は、住宅の被害状況によって決まる基本支援金と、どんな再建方法を実施したかによって決まる加算支援金の合計金額です。基本支援金は、全壊の場合で最大100万円です。一方、加算支援金は、住宅の建

て直し、再購入する場合に最大で200万円が支払われます。

　また、低所得の被災者は、都道府県や市町村が運営する公営住宅、あるいは特定優良賃貸住宅に入居できます。一定の要件を満たすと、一定期間、賃料が減額、免除される場合もあります。

　さらに、災害によって住宅が半壊し、居室、台所、トイレなどの生活に必要な部分が使用できなくなった場合には、災害救助法による住宅の応急修理制度を利用することもできます。特徴は、修理費用を支払うのではなく、市町村から委託を受けた業者が無償で修理を行う点です。修理限度額は、1世帯あたり、最高52万円です。ただし、修理費を支払うだけの経済力がない人が対象となります。

### ■災害復興住宅融資とは

　被災者生活再建支援制度で最大300万円の給付金を受けられるといっても、住宅の再建に十分な費用とはいえません。そこで、不足分を確保したい場合、**災害復興住宅融資**という制度を利用する方法があります。これは、住宅金融支援機構が行うローンで、①家を新築する、②新築の住宅を購入する、③中古住宅を購入する、④壊れた家を補修する、という目的で融資を受けることができます。金利は基本融資が年1.67％、特例加算が年2.57％（平成23年5月27日以降に申込みを行った場合の金利）と普通の住宅ローンと比べて低額である上、固定金利なので、将来の金利変動リスクを気にする必要もありません。

　このローンを利用できるのは、自治体からり災証明書（11ページ）の交付を受けており、自分が入居するために住宅を建築、購入、または補修する必要のある人です。融資を受ける目的別に4種類のローンが用意されています。

　融資の限度額は、どのような構造の家かによって、4種類のローンごとに決められています。また、実際の審査では、年収によって借入の限度額が変わります。具体的には、年収に占めるすべての借入れ

の年間合計返済額の割合が、年収400万円未満の人は年収の30％まで、年収400万円以上の人は35％までの金額を借り入れることができます。注意しなければならないのは、すでに住宅ローンなどを抱えている人は、その住宅ローンも借入限度額の算定に含まれてしまうことです。

利用や相談をしたい場合は、住宅金融支援機構のホームページを見るか、被災者専用ダイヤル（0120－086－353または048－615－0420）に問い合わせてみるとよいでしょう。

## 親孝行ローンという制度もある

災害復興住宅融資は、自分の住む家のために必要な融資を受けるのが原則ですが、「親孝行ローン」という融資制度も設けられています。親の住む家のために子供がローンを組めるという制度です。年老いた親には、融資を受けられるだけの返済能力がない場合が多いはずです。しかし、子供がローンを肩代わりすることで融資を受けられるようにしているのです。親孝行ローンの融資を受けるためには以下の条件を満たすことが必要です。

・被害が生じた住宅を持つ満60歳以上の親のために、建設、購入、または補修を行う
・被災した住宅の所有者はローンを組もうとする人またはその人の配偶者の親か祖父母である
・建設、購入する住宅が被災した住宅と同じ市区町村にある、もしくは、親孝行ローンを組む子や孫が住む市区町村と同じか、隣接する市区町村の区域内にある

親孝行ローンは、東日本大震災を受けて制度が変更され、たとえば、東京に住んでいる子供が東北の親のためにローンを組むこともできるようになっています。詳細については、住宅金融支援機構のホームページ（http://www.jhf.go.jp/index.html）を参照してください。

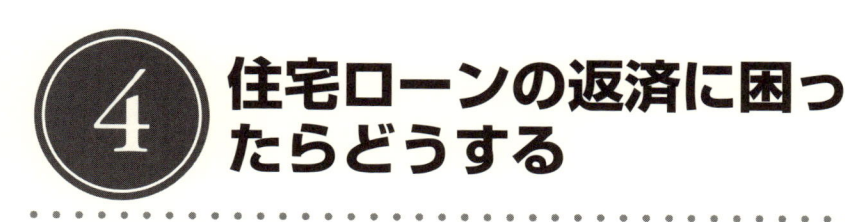

# ④ 住宅ローンの返済に困ったらどうする

あせらずに対応すれば何の問題も起こらない

## ■ まず金融機関に相談する

　災害に遭い、住宅ローンの支払いができなくなってしまった場合は、落ち着いたらまず、ローンを組んでいる金融機関に相談に行きましょう。金融機関も決して、「すぐに支払え」とは言いません。被災した結果、失業したり、生活のためにローンに回すお金がなくなることは決して、被災者のせいではないからです。東日本大震災でも、すべての金融機関がローンの負担を和らげる対応をすでにしています。

　相談に行くと、金融機関は、ローンが支払えなくても延滞扱いにしない処理を行います。同時に年率14％の日割り計算で行う延滞利息もかからなくなります。そのうえで、ローンの返済方法の見直しをしてもらい、ローンの負担を和らげるようにしています。

　注意すべき点として、まず、何よりも慌てないことです。住宅ローンの返済ができなくなれば、誰でも慌てます。これは仕方がないことです。しかし、決して、取り乱す必要はありません。銀行に相談に行くのが遅れても、被災者であれば、遡って延滞の取消しや延滞利息の払戻しをしてくれます。被災したら、まず、自分の身が落ち着くまで、ローンのことを気にしないことです。

　次に、「り災証明書」（11ページ）を必ず取得してから金融機関に行くようにしましょう。り災証明書とは、災害で家が壊れた場合にそれを証明する公的な書類です。市区町村の役場で取得できます。

　いくら被災地であっても、銀行には、ローンの返済ができない理由が被災によるものかどうかわかりません。したがって、ローンを組んでいる側が、被災が原因で支払えないということを証明する必要があ

ります。そのときにそれを証明してくれるのが、り災証明書です。また、り災証明書は銀行への証明として使う以外にもいろいろな手続きに必要になりますので、必ず取得しておきましょう。

　ただ、東日本大震災のように災害が広範囲に及んだ場合、「自宅には損害はなかったが、会社が倒産してしまい、ローンが払えなくなった」という人も数多くいるはずです。その場合、り災証明書は発行されません。しかし、そんな場合でも、失業したのは災害のせいであることは間違いありませんので、「被災者」だと言えます。ですから、たとえ証明書がなくても金融機関に相談に行きましょう。

## 返済方法の見直しを検討する

　金融機関は、被災によってローンが支払えなくなった場合、相談に乗って延滞扱いにしない対応はしてくれます。しかし、ローンを棒引きしてはくれません。たとえ、家が押しつぶされ、津波に流されてしまっても、ローンはなくなりません。どんな理由であれ、借りたお金は返さなければならないのです。

　今後、住宅ローンの返済が困難になりそうだという人はたくさんでてくるはずです。具体的な見直しのしかたについては、ローンの種類や金融機関によって取扱いが異なってきますが、おもな見直し方法としては以下のものがあります。

① 元金の支払いを一定期間免除してもらう

　元金の支払いを一定期間免除してもらい、その間、利息だけを支払うという方法を**元金の据え置き**といいます。利息だけの返済ですので、その期間は、返済額が少なくてすみます。ただ、元金が減るわけではありませんので、据置期間中は結果的に利息をムダに支払っているということになります。また、生活が落ち着いて元金も払えるようになったら、据置期間中に猶予されていた元金の支払いを上乗せしてローンを返さなければならないことになる場合もあります。

しかし、返済期間を延ばして、元金の上乗せ返済を回避することもできる場合があります。「生活の再建がまず、第一」という場合は、有効な選択肢であると言えるでしょう。

② 返済期間を延ばしてもらう

返済期間を延ばすことによって、毎月の返済額を少なくする方法が返済額の延長です。結果的に当初の返済計画に比べて返済総額は多くなりますが、④でとりあげる返済額の引き下げ同様、元金を少しずつ減らせるというメリットがあります。

ただ、元金の据え置き、返済額の引き下げ、返済期間の延長のいずれも、足元の返済を楽にするというだけのことで、結果的には、今までよりも多くのお金を返済することになるのは変わりありません。負担の将来への先送りというわけです。したがって、今の自分の年齢などをよく考えたうえで決断しないと後々、返済できなくなるという恐れがあるので注意が必要です。

③ 返済額の払込みの据え置き

旧住宅金融公庫ローンやフラット35では、「返済額の払込の据え置き」という見直し方法を利用できます。

これは、被災した程度に応じて1年から3年までの間、ローンの支払いを猶予してもらえる制度です。元金はもちろん、利息の支払いも必要なくなります。据置期間中の利息も支払う必要がありません。ローンの返済は、据置期間終了の後に再開すればよいわけで、最終的な返済総額も今までと変わりません。

④ 毎月の返済額を引き下げてもらう

月々の、元本と利息を合わせた返済額を少なくしてもらうという方法もあります。毎月の返済額を少なくしてもらう方法が返済額の引き下げです。

元金の据え置きと違い、利息は支払ったうえで、元金もわずかながら返済し続けます。元金が減るからといって、もともとの返済額より

も少ない金額しか返さないことに変わりはありませんから、元金の据え置きと同様に、減額してもらっていた分の元金の支払いを上乗せしてローンを返さなければならないという問題は生じます。しかし、元金が減ることも確かですので、返済に余裕があるようならば、返済額の引き下げを選択するほうがよいといえるでしょう。

## ■二重ローンを組むという選択は

　二重ローンとは、被災者や被災企業が、新しい家やオフィスを建てるために新規でローンを組むことによって、今までのローンと２つのローンをかかえる事態を言います。

　早く新しい家を建てて、自分の生活も安定させたいと思うのは、当然のことです。しかし、焦って二重ローンを組むのは、決して得策ではありません。阪神大震災でも、二重ローンによる経済的な負担で多くの人が生活苦に陥るという問題が発生しました。

　そもそも、住宅ローンと言っても借金です。借金をする場合の大原則は「なるべく少なく借りて、早めに返す」です。ローンを組む前にまず、今後のことを少しでも考えられる環境を作ったうえで、家族で十分に相談して決めることが必要です。家は、確かに必要ですが、賃貸もあります。国や自治体による支援も期待できます。一番大切なのは、家ではなく、家族の生活なのです。

　したがって、将来の生活のことを十分に考えたうえで、決断することが大切です。二重ローンを検討する場合には、以下の点に注意して家族でよく相談することが大切です。

・２つのローンを返せる経済力はあるのか
・子供の教育や家族の病気などによる出費増加、退職による収入の減少を考慮しても返済できるのか
・２つのローンが完済できる年齢はいつ頃か
・賃貸住宅や仮設住宅への入居ではだめなのか

## 東日本大震災での特例

東日本大震災では、二重ローンによる被災者の負担を軽減するため、さまざまな対策が検討されています。

中小企業の負担軽減策としては、金融機関から被災した中小企業などに対する債権を買い取るための公的な債権買取機構（仮称）を設置する方向で調整しているようです。

また、個人については、自己破産をすると新たな住宅ローンが組めなくなることが大きな問題となります。そこで、東日本大震災で家を失った人については、自己破産しなくても、倒壊した家についての住宅ローンの返済免除が受けられる指針（個人債務者の私的整理に関するガイドライン）の策定が進められています。弁護士や公認会計士などの専門家の支援を受けられるようにし、指針では、通常の私的整理の再建期間である「3年以内」を、原則として「5年以内」に緩和するようです。なお、返済免除については、住宅ローンの債務者だけでなく、連帯保証人の責任の免除も検討されています。

新たにローンを組む場合には、震災関係の特例を把握した上でローンの設定を検討しなければなりません。

### ■ 住宅ローンのおもな見直し方法

| | |
|---|---|
| 返済金の払込みの据置 | フラット35、旧住宅金融公庫ローンで利用可能<br>据置期間中の、元金・利息の返済は不要（利息のみを支払うことも可能）<br>据置期間終了後に通常の元金・利息に加えて据置期間中の利息を返済する |
| 元金の据え置き | 一定期間元金の返済はせずに、利息の支払いのみを行う見直し方法<br>元金の支払期間がない分後で総返済額は多くなる |
| 返済額の引き下げ | 元本と利息を合わせた毎月の返済額を軽減する方法 |
| 返済期間の延長 | 返済期間を延長することで、月々の返済額を軽減させる見直し方法 |

# ⑤ 被災して失業したらどうする

> 災害による一時的な離職や休業でも失業保険が貰える場合がある

## ■ 会社が倒産した場合には

　災害が発生すると、営業所や工場が壊滅的な打撃を受け、事業活動に深刻な被害が発生します。その結果、事業の継続が難しくなり、労働者への賃金の支払いが滞ることもあります。

　このような場合に、未払賃金の立替えを保障しているのが**未払賃金立替払制度**です。この制度は、独立行政法人労働者健康福祉機構が事業者に代わって、退職者に未払いの給料や退職金の一部を支払うというものです。機構が立替払いした金額は、後で事業者から回収します。対象となる賃金や受給要件は次ページの図の通りです。

　この制度は、勤め先が労災保険の適用事務所で、かつ1年以上事業活動を行っている場合でないと利用できません。手続きにあたっては、勤め先の倒産を証明する文書を提出する必要があります。なお、東日本大震災では、特例により、申請書類が簡略化されています。

## ■ 失業手当が受給できることもある

　**失業手当**とは、雇用保険の被保険者が失業した際に、国から支給される手当です。会社勤めをしているであれば、勤め先の事業所が雇用保険に加入しているのが通常ですから、災害によって、会社が倒産し、失業した場合には、失業手当を受給することができます。

　また、倒産しなくても大規模な災害の場合、工場や営業所が壊滅的な打撃を受け、企業が一部の事業を休止、廃止する場合があります。そのため、労働者を雇用させることができず、解雇や一時的な休業を実施せざるを得ないこともあります。

解雇の場合は、倒産の場合と同様、失業手当が支給されます。失業手当は、離職者の年齢や離職理由に基づき、90～360日の日数分の失業手当を受給することができます。東日本大震災では、倒産・解雇の増加をふまえ、給付日数を延長する震災特例も実施されています。休業を理由に雇用保険（失業保険）を申請する場合には、勤め先の事業所を管轄するハローワークに休業証明書を提出する必要があります。また、従業員が受給手続きを行うために会社から交付される休業票が必要です。被災で会社の担当者と連絡がとれず、休業票を手に入れるのが難しい場合などは最寄りのハローワークに相談しましょう。

　災害で失業し、生活環境が変わるとなると、これまでの同様の仕事を続けることが難しく、新たな技能を身につける必要も出てきます。そのような場合に利用できるのがハローワークの**職業訓練**です。特に、失業者が基本手当を受給しながら無料で職業訓練を受けられる求職者支援制度が平成23年10月に導入されることになっています。

■ **未払い賃金の立替払い制度**

| 定　義 | 倒産により賃金が支払われないまま退職した労働者に対して、未払賃金の一部を立替払いをする制度 |
|---|---|
| 実施機関 | 全国の労働基準監督署　　独立行政法人労働者健康福祉機構 |
| 要　件 | 1年以上事業活動を行っていた使用者が倒産したこと<br>a 法律上の倒産（破産、特別清算、民事再生、会社更生）<br>b 事実上の倒産（中小企業について、事業活動が停止し、再開の見込みがなく、賃金支払能力がない場合） |
| | 労働者が、倒産について裁判所への申立て（法律上の倒産の場合）や、労働基準監督署への認定申請（事実上の倒産の場合）が行われた日の6か月前の日から2年の間に退職した者であること |
| 権利行使の期間 | 破産手続開始決定等がなされた日または監督署長による認定日から2年以内 |
| 対象となる賃金 | 労働者が退職した日の6か月前から立替払請求日の前日までに支払期日が到来している定期賃金と退職手当のうち、未払となっているもの（未払賃金の総額が2万円未満の場合は対象外） |
| 立替払いされる金額 | 未払賃金の額の8割（退職時の年齢に応じて88万円～296万円の範囲で上限あり） |

# ❻ 災害弔慰金や災害障害見舞金について知っておこう

> 災害で家族を失った遺族や障害を負った人に手当を支給

### ■ 災害弔慰金とは

　何らかの理由で家族の生計を支える世帯主を失った場合に、残された遺族の生活を支えるしくみがいくつかあります。

　自然災害による死亡については、残された遺族が、国から無償でお金を受け取れる制度が用意されています。それが**災害弔慰金**です。災害弔慰金の支給対象者は、自然災害で死亡した人の配偶者、子、父母、孫、祖父母などです。支給額の上限は、家計を支えていた人がなくなった場合と、それ以外で異なります。家計を支えていた人が死亡した場合の上限は500万円ですが、それ以外の人が死亡した場合の上限は250万円です。

　遺族の生活を保障する給付に、公的社会保険の遺族給付がありますが、遺族給付の受給要件を満たす場合には、災害弔慰金と遺族給付の両方を受け取ることができます。

　災害弔慰金については、どこまでの範囲で「災害による死亡」と認められるかが問題になります。その点、地震による家屋の倒壊、津波などが直接の原因となって死亡した場合が「災害による死亡」にあたるのは明らかです。問題は、災害によって生じた二次的な原因がもとで死亡した場合です。たとえば、被災によって財産や仕事を失った精神的なショックや、慣れない避難所暮らしのストレスなどが原因で病気になり死亡した場合です。

　結論を言えば、このような「災害関連死」も「災害による死亡」と認められることがあります。なお、阪神淡路大震災では、震災による持病悪化や過労によって死亡した約900人について、「災害関連死」と

認定されています。

## 災害障害見舞金とは

　自然災害による負傷、疾病が原因で身体に障害が残った場合には、国から無償でお金を受け取れる制度があります。それが災害障害見舞金です。支給対象になる障害は、日常生活が困難と考えられる程度の重いものです。たとえば、両眼が失明した場合や常に介護を要する状態になった場合などです。支給額の上限は、家族の誰が障害を負ったかによって異なります。具体的には、家族の生計を支える世帯主が障害を負った場合には、最高で250万円、それ以外の人が障害を負った場合には、最高で125万円が支給されます。

　なお、負傷、疾病が原因で身体に障害が残ってしまった場合には、公的社会保険の障害給付を受給することができます。障害給付の受給要件も満たす場合には、災害障害見舞金に加えて障害年金も受け取ることができます。

■ 災害弔慰金と災害障害見舞金

|  | 災害弔慰金 | 災害障害見舞金 |
|---|---|---|
| 実施主体 | 市区町村 ||
| 対象災害 | ・1市町村において住居が5世帯以上滅失した災害<br>・都道府県内において住居が5世帯以上滅失した市町村が3以上ある場合の災害<br>・都道府県内において災害救助法が適用された市町村が1以上ある場合の災害<br>・災害救助法が適用された市町村をその区域内に含む都道府県が2以上ある場合の災害 ||
| 実施主体 | 配偶者、子、父母、孫、祖父母 | 対象災害により重度の障害（両眼失明、要常時介護、など）を受けた人 |
| 支給額 | 生計維持者の死亡：500万円<br>その他の人の死亡：250万円 | 生計維持者の場合：250万円<br>その他の人の場合：125万円 |

# 7 緊急融資について知っておこう

急場をしのぐのに必要な資金を低金利で調達する方法がある

## ■ 個人への緊急貸付について

　東日本大震災では、家が全壊して住むところを失った上、勤務先の営業所や工場も壊滅し休業状態に追い込まれる悲惨なケースも起こっています。このような場合、当座の生活費を用意するために貯金を切り崩していくことになります。しかし、貯金が底をつけば、お金を借りて、急場をしのがないといけません。ここでは災害時に低金利で、速やかに生活費を調達する方法を2つ紹介します。

　1つ目は、民間の金融機関が行っている被災者を対象にした融資制度を利用することです。一般のフリーローンと比べると安い金利で借りられることがメリットです。

　2つ目は、生活福祉資金貸付制度による**緊急小口資金貸付**を利用することです。緊急小口資金貸付は、緊急かつ一時的に生活費の支払いに困っている人に対して少額（10万円以下）の融資を行う制度です。もともと低所得者を対象にしたものですが、東日本大震災では、所得を問わず、無利息で緊急小口資金融資が利用できる特別措置が実施されています。

## ■ 事業者や法人への貸付について

　東日本大震災のような大規模な災害は、企業の経済活動や農林漁業に深刻な被害を与えます。東日本大震災では、営業所や工場が壊滅し、中小企業が深刻な打撃を受けています。また、東北地方で漁業を営んでいた人が、津波で、港の施設や漁船に壊滅的な打撃を受けています。事業を再開するにあたっては、多額の資金を新たに借り入れる必要が

あるでしょう。そうした場合、政府系金融機関や地方自治体が提供している各種融資制度が役立ちます。

　日本政策金融公庫と商工組合中央金庫は、災害によって被害を受けた中小企業向けに、事業復旧に必要な資金を融資しています。

　貸付限度額や貸付条件の詳細は、各社に確認してください。

　各都道府県と独立行政法人中小企業基盤整備機構（中小機構）は、施設の復旧にあたり、新たに高度化事業を行う場合には、無利子で貸し付けを行っています。高度化事業とは、いくつかの中小企業が連携して、経営基盤の強化を図るために、工業団地やショッピングセンターなどを建設するような事業を言います。高度化融資を受けるには、資本金や業種などの条件をクリアする必要があります。

　各市町村は、自然災害によって被害を受けた農林漁業者が事業を再開できるように、天災融資制度による低利の融資を実施しています。業種や災害の程度によって、貸付利率や償還期限が異なります。

■ 被災した個人・事業者へのおもな融資制度

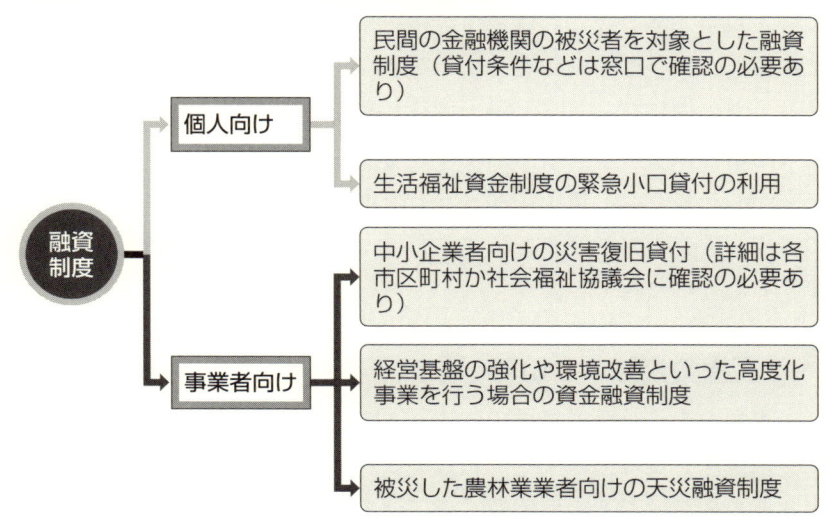

融資制度
- 個人向け
  - 民間の金融機関の被災者を対象とした融資制度（貸付条件などは窓口で確認の必要あり）
  - 生活福祉資金制度の緊急小口貸付の利用
- 事業者向け
  - 中小企業者向けの災害復旧貸付（詳細は各市区町村か社会福祉協議会に確認の必要あり）
  - 経営基盤の強化や環境改善といった高度化事業を行う場合の資金融資制度
  - 被災した農林業業者向けの天災融資制度

# 8 災害による損失は確定申告で取り返そう

経済的な損失は、支払った税金から返してもらう

## 所得税の減免や控除を利用する

　被災した場合は、たとえ勤め人であっても、必ず確定申告をするようにしましょう。被災によって被った経済的な損失を所得から控除（医療費控除や雑損控除といいます）することによって税金が取り返せるからです。普通、勤め人の方は、年末調整によって払い過ぎた税金が戻ってくるのですが、医療費控除や雑損控除は年末調整の対象になっていないため、自分で確定申告をする必要があります。

　所得税は、1月1日から12月31日までの1年間の所得に対してかかる税金です。所得とは、収入からその収入を得るためにかかった必要経費を引いた金額です。この必要経費を収入から差し引くことを**控除**と言うのです。控除が多ければ、所得は減り、税金も減ります。取り戻せる税金が多くなるわけです。確定申告は、1年間の所得を税務署に申告し、納税額を確定させる手続きです。翌年の2月16日から3月15日までの間に行います。過去には、税務署に資料を持って職員と対面で申告作業をするというわずらわしさがありました。

　しかし、最近は、電子証明書などを取得すれば、インターネット上のフォーマットに数字を記入するだけですみ、比較的簡単に手続きができるようになっています。

## 医療費控除について

　代表的なのが、**医療費控除**です。1年間の医療費が10万円を超えた場合に控除を受けられます。ただ、これは、被災した場合だけに認められるものではなく、医療費一般に認められる制度です。

医療費控除は、その年に支払い済みの医療費が対象です。未払いの医療費は認められません。また、自分の医療費だけでなく、生計を一緒にしていれば、家族や親族の分を含めて申告することができます。所得金額が200万円未満の人は、医療費が所得金額の5％以上になったら、10万円以下でも控除できます。
　控除できる金額は、以下のようになるのが原則です。

> （支払った医療費－民間の医療保険の保険金や健康保険から支給される補てん金）－10万円

　医療費控除には、限度額があります。多額の医療費がかかっても、200万円までしか控除を受けられません。控除を受けて戻ってくる税金は、控除額に自分の所得税率をかけた金額ということになります。
　医療費控除では、よく、どのような出費が医療費と認められるか、ということが問題になります。
　大きな線引きとしては、医者が処方した薬など、病院に支払うお金

■ 確定申告の流れ

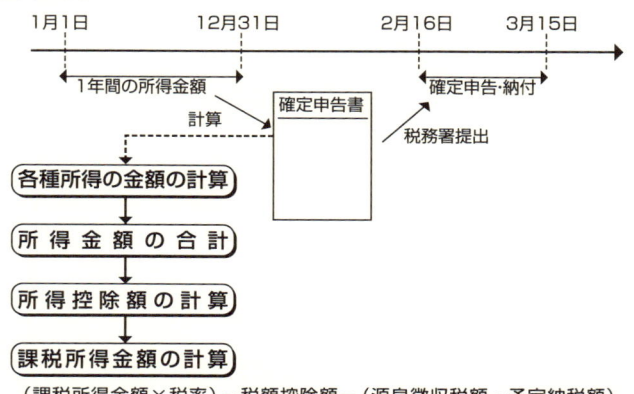

```
1月1日        12月31日        2月16日    3月15日
 |←―1年間の所得金額―→|        |←確定申告・納付→|
                    計算  ┌──────┐
                  ┄┄┄┄→│確定申告書│
                          └──────┘
                               ↓税務署提出
┌──────────────┐
│各種所得の金額の計算│
└──────────────┘
┌──────────────┐
│ 所 得 金 額 の 合 計 │
└──────────────┘
┌──────────────┐
│ 所 得 控 除 額 の 計 算 │
└──────────────┘
┌──────────────┐
│ 課税所得金額の計算 │
└──────────────┘
```

（課税所得金額×税率）－税額控除額－（源泉徴収税額・予定納税額）
　　　　　　　　　　　　　　　　　　　＝納付税額又は還付税額

は、医療費として認められるということです。また、入院中、治療に必要な差額ベッド代、病院の出す食事代、通院に使った公共交通機関の料金なども認められます。ただ、線引きが難しいものもありますので、税理士などの専門家と相談することも必要です。

## 雑損控除について

被災によって受けた経済的損失の控除としては、**雑損控除**があります。これは、災害や盗難が原因で生活に通常必要な資産に損害を受けた場合に損害額を控除できるという制度です。気をつけたいのは、控除の対象になるのは、あくまで「生活に通常必要な」資産の損害だけだということです。住宅であっても、自分が普段住んでいる家は対象になりますが、別荘は対象になりません。また、1点当たり、30万円を超える書画・骨董・貴金属などもぜいたく品として扱われ、対象から外れます。反対に「生活に通常必要」であれば、自分の所有物はも

■ 医療費となるもの・ならないもの

**医療費となるもの**
① 医師・歯科医師による診療または治療（健康診断の費用は含まない）
② 治療・療養に必要な医薬品の購入
③ 病院・診療所・指定介護老人福祉施設・助産所へ収容されるための人的役務の提供
④ あん摩マッサージ指圧師、はり師、きゅう師、柔道整復師等に関する法律に規定する施術者の施術
⑤ 保健師・看護師・準看護師による療養上の世話
⑥ 助産師による分べん（出産）の介助

**医療費とならないもの**
① 美容整形などの費用
② 健康ドリンクや病気予防のための薬などの購入費用
③ 人間ドックなどの健康診断の費用（ただし、その結果病気が発見され、引き続き治療を受けるときのこの費用は医療費の対象となる）
④ 治療に直接必要としない眼鏡、コンタクトレンズ、補聴器などの購入費用

ちろん、配偶者控除や扶養控除の対象になっている親族の所有物でも対象になります。
　控除の金額は以下の計算式のうち、高い金額のほうになります。
① 　損失額ー保険金などで補てんされた金額ー総所得金額等×0.1
② 　被災により被害を受けた住宅などの取り壊し費用や修繕費など、災害に関連して支出したお金の総額ー5万円
　雑損控除は、損害額が多額および、その年だけで控除しきれなかった場合には、翌年以降3年間（大震災の特例5年間）にわたり繰越で控除できるというメリットもあります。また、東日本大震災の被災者に対しては、2011年分の控除を前の年の2010年の所得に対しても適用できるように制度が変更されました。

## 雑損控除と災害減免法

　雑損控除とは別に、災害を受けた場合の経済的損失を控除する制度があります。**災害減免法**です。これは、収入から被害金額を控除するのではなく、所得金額をもとに機械的に所得税を減免するという制度です。適用を受ける場合は、所得制限があり、所得が1,000万円を超える人は適用を受けられません。また、所得額に応じて、減免される所得税の金額も変わります。
　具体的には、①所得金額が500万円以下の人の場合には所得税は全額減免、②所得金額が500万円を超え、750万円以下の場合には所得税は50％減免、③所得金額が750万円を超え、1,000万円以下の場合には所得税は25％減免、となっています。
　残念なことですが、災害減免法によって控除を受けた人は、雑損控除を利用した控除を受けることはできません。雑損控除によって控除を受けた人も災害減免法による控除は受けられません。つまり、どちらか一方の制度を利用するしかないのです。したがって、確定申告の際は、より控除額が高くなる方を選んで申告するようにしましょう。

# ⑨ 家族が死亡したら遺族年金を請求する

> 被保険者の年金加入状況により遺族年金がもらえる

## ■ 公的年金制度のしくみ

　大規模な災害の発生により、家族が亡くなることもあります。

　公的年金の加入者、老齢年金・障害年金の受給権者（年金をもらえる人のこと）が死亡したとき、残された家族に対して支給されるのが公的年金制度の**遺族給付**です。先立った人の家族の生活を保障することが目的です。

　国が管理・運営する年金のことをまとめて公的年金といいます。公的年金には、①国民年金、②厚生年金保険、③共済組合の３つの制度があり、20歳以上のすべての国民が３つの制度のどれかに年金に加入しています。国民年金（基礎年金）は20歳以上の国民全員が加入します。厚生年金保険は会社員が加入する年金保険です。共済組合は公務員や私立学校の教職員が加入する保険です。このように、国民年金は、20歳以上の国民全員が加入する年金であるため、厚生年金保険や共済組合の加入者も、厚生年金保険や共済組合への加入と同時に、国民年金に加入することになります。

　国民年金だけに加入している人を第１号被保険者、厚生年金・共済年金の加入者を第２号被保険者、第２号被保険者に扶養されている配偶者を第３号被保険者といいます。第３号被保険者は保険料の負担なしに最低限の年金保障を受けることができるもので、おもに会社員・公務員世帯の専業主婦（または主夫）が対象となります。

## ■ 遺族年金のしくみ

　遺族給付の中でも中心的な役割を果たすのが、遺族に年金形式で支

給される**遺族年金**です。遺族年金には、遺族基礎年金、遺族厚生年金、遺族共済年金があります。

遺族基礎年金と、遺族厚生年金・遺族共済年金の両方の受給要件を満たしていれば、両方もらえます。つまり、「2階建て」になっているわけです。自営業者の妻（夫）の場合、遺族基礎年金を受給することになりますが、会社員の妻（夫）の場合、遺族基礎年金に加えて、遺族厚生年金を受給することができます。

## 遺族年金を受給するためには

遺族年金を受給するためには以下の3つの要件を満たすことが必要です。

① 死亡したのがいつか

まず、遺族年金を受給するためには、死亡した人が37ページ図の要件1を満たしていなければなりません。

② 一定の遺族がいないと受け取れない

遺族基礎年金と遺族厚生年金とでは遺族の範囲が大きく異なっています。双方の年金に共通しているのは、年金を受けるべき生計維持されていた遺族が1人もいなければ、遺族給付が支給されないということです（37ページ図の要件2）。

遺族基礎年金をもらえる遺族は限られています。対象は、被保険者または被保険者であった者の死亡の当時、その者によって生計を維持されていた子のいる妻、または子です。「子」とは、18歳未満の子、もしくは1、2級障害がある20歳未満の子のことを意味します。そのため、夫が死亡したが夫婦の間に子がいなかった場合は支給の対象とはなりません。

これに対して、遺族厚生年金が支給される遺族の範囲は遺族基礎年金よりも広範です。夫や父母も支給対象になります。ただ、決められた優先順位の最先順位の人にだけ支給され、上位の権利者が受給した

場合は、下位の権利者は受給権が消滅します。

このように、遺族厚生年金の方が受給できるケースが広いため、遺族基礎年金はもらえないが、遺族厚生年金はもらえるというケースもあります。

なお、妻については、法律上の婚姻関係にない内縁の妻でも、夫婦関係の実態があれば、年金制度上は、妻と認めてもらえるので、内縁の妻が遺族になった場合は、遺族年金を受給できます。

③ きちんと納めていないともらえない

保険料納付要件は、死亡日前日の保険料を納めるべき期間のうち、保険料納付済期間と保険料免除期間の合計が3分の2以上あることです。

ただし、障害等級1、2級の障害厚生年金の受給者、老齢年金の受給者または受給資格を満たしているものとして扱われます。また、平成28年3月31日までは、特例として、死亡日の月の前々月までの1年間に滞納がなければ受給することができます（次ページ図、要件3）。要するに、死亡した人が生前にきちんと保険料を納めていないと、遺族は遺族年金を受け取れないことになります。

## ■ 遺族に十分な収入がある場合には受け取れない

遺族年金の受給要件として、上記の要件のほかに、受給権者の経済力があります。夫がなくなっても妻に十分な収入があるのであれば年金の受給を認めなくてもよいからです。

具体的には、前年の年収が850万円（所得では655万5000円）未満だったことが必要です。ただし、収入が850万円以上であっても、近い将来（おおよそ5年以内）に収入が850万円未満になることが証明できる場合は、受給できます。

なお、年金請求時に年収850万円未満だった場合、受給後に年収が850万円を超えるようなことになっても受給し続けることができます。

## 遺族年金の年金額と失権・支給停止

遺族年金の年金額は以下の通りです。

① 遺族基礎年金の金額

遺族基礎年金の金額は、「本体部分」と「子供扶養のための加算」

■ 遺族給付を受給するための3要件

| 要件1 | 遺族基礎年金 | 遺族厚生年金 |
|---|---|---|
| 死亡したのがいつか | ・国民年金に加入中<br>・60歳以上65歳未満で日本在住<br>・老齢基礎年金受給中<br>・老齢基礎年金の受給資格がある | ・厚生年金に加入中<br>・厚生年金に加入中に初診日があった傷病が原因で5年以内に死亡<br>・障害厚生年金の1・2級の受給者<br>・老齢厚生年金受給中<br>・老齢厚生年金の受給資格がある |

| 要件2 | 遺族基礎年金 | | 遺族厚生年金 | | |
|---|---|---|---|---|---|
| 遺族の範囲（生計維持関係にあること）<br>年収850万円未満であること | ※子または子のある妻のみ | 死亡当時の年齢 | ※遺族厚生年金には優先順位がある | | 死亡当時の年齢 |
| | 子のいる妻 | 18歳未満の子のいる妻 | 1位 | 配偶者 | （妻の場合）年齢は問わない<br>（夫の場合）55歳以上 |
| | 子 | 18歳未満 | | 子 | 18歳未満 |
| | | | 2位 | 父母 | 55歳以上 |
| | | | 3位 | 孫 | 18歳未満 |
| | | | 4位 | 祖父母 | 55歳以上 |

※表中の「18歳未満」は18歳に達して最初の3月末日までをいう。また20歳未満で1・2級の障害の子も含む
※表中の「55歳以上」は55歳から59歳までは支給停止。60歳からの受給となる

| 要件3 | 遺族基礎年金・遺族厚生年金とも |
|---|---|
| 死亡者が保険料納付要件を満たしているか<br>（障害給付の要件と同じ） | ・死亡日前日の保険料を納めるべき期間のうち、保険料納付済期間と保険料免除期間の合計が3分の2以上あること<br>・平成28年3月31日までは、死亡日の月の前々月までの1年間に滞納がないこと |

※老齢年金受給者、受給資格を満たしていた人の死亡の場合は上記要件は問わない

部分で構成されます。本体部分は、老齢基礎年金と同じ金額、年間78万8900円（平成23年度現在）となり、子供扶養のための加算は、第1子と第2子が22万7000円、第3子以降が7万5600円（いずれも平成23年度現在）となっています。なお、妻、つまり、母親がいない場合は子供が受給します。1人の場合は本体部分（78万8900円）だけ、2人の場合は1人分の加算がつくという具合に増額していきます。

② **遺族厚生年金の年金額**

　遺族基礎年金の金額は、①で述べたように定額であるため、わかりやすいのですが、会社員の妻がもらえる遺族厚生年金の金額は、夫がいつ亡くなったかによって計算のしかたが異なります。

　夫が老齢厚生年金の受給中、もしくは老齢厚生年金の受給資格を得た後に死亡した場合には、夫が加入していた期間の実期間を基に年金額を計算します（これを長期要件といいます）。これに対して、夫が厚生年金の被保険者期間中に死亡した場合や、障害厚生年金の受給中に死亡した場合には、加入月数が1か月以上あれば、加入月数を300か月（25年）あったとみなして計算します（これを短期要件といいます、次ページの図）。

　また、遺族厚生年金は、「報酬比例」というしくみがとられており、死亡した人が支払っていた保険料が多いほど、遺族がもらえる遺族厚生年金も多くなります。

③ **失権・支給停止**

　遺族年金はずっともらい続けることができるのではなく、子が18歳以上になった場合など、支給要件から外れた場合は、年金の受給権は消滅します。遺族年金を受給できなくなるのは、「失権」と「支給停止」になった場合です。失権が永遠に年金を受給する権利を失うことなのに対して、支給停止は、ある理由で年金の支給が止まっている状況を指し、支給停止される理由が消滅すれば、支給は再開されます。

　おもな失権事由は、受給者の死亡、婚姻や第三者との間の養子縁組

などです。また、労働基準法による「遺族補償」が受けられるときは、死亡の日から6年間、遺族年金は支給停止になります。

## 遺族厚生年金の特例

会社員の妻で、夫が死亡したときに40歳以上65歳未満の場合、子供がいなくても、「2階部分」のほかに厚生年金から給付があります。これを**中高年寡婦年金**と言います。

子のいない妻は遺族基礎年金を受け取ることができないため、本来、2階部分である遺族厚生年金しか受け取ることができないはずですが、遺族厚生年金しか受け取ることができないと受給金額が少なくなってしまうケースも多かったため、このような制度を作ったのです。

中高年寡婦年金の加算額は59万1700円（平成23年度現在）です。

また、妻が65歳になると自身の老齢基礎年金の支給が開始します。

■ **自営業者と会社員の比較**

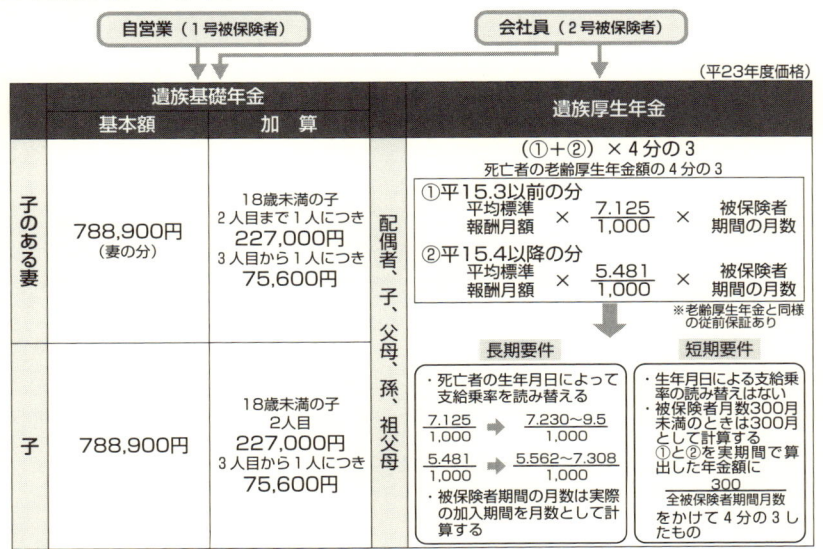

（平23年度価格）

| | 遺族基礎年金 | | | 遺族厚生年金 |
|---|---|---|---|---|
| | 基本額 | 加算 | | |
| 子のある妻 | 788,900円（妻の分） | 18歳未満の子 2人目まで1人につき 227,000円 3人目から1人につき 75,600円 | 配偶者、子、父母、孫、祖父母 | （①＋②）×4分の3 死亡者の老齢厚生年金額の4分の3<br>①平15.3以前の分 平均標準報酬月額 × 7.125/1,000 × 被保険者期間の月数<br>②平15.4以降の分 平均標準報酬月額 × 5.481/1,000 × 被保険者期間の月数<br>※老齢厚生年金と同様の従前保証あり |
| 子 | 788,900円 | 18歳未満の子 2人目 227,000円 3人目から1人につき 75,600円 | | **長期要件**<br>・死亡者の生年月日によって支給乗率を読み替える<br>7.125/1,000 → 7.230〜9.5/1,000<br>5.481/1,000 → 5.562〜7.308/1,000<br>・被保険者期間の月数は実際の加入期間を月数として計算する　　　　**短期要件**<br>・生年月日による支給乗率の読み替えはない<br>・被保険者月数300月未満のときは300月として計算する<br>①と②を実期間で算出した年金額に 300/全被保険者期間月数 をかけて4分の3したもの |

その場合、それまで支給されていた中高齢寡婦加算の受給権は消滅します。ただし、昭和31年4月1日以前生まれの妻については、中高齢寡婦加算にかえて経過的寡婦加算が支給されることになっています。経過的寡婦加算の加算額は、妻の生年月日によって決まります。

## 第1号被保険者のための特別な遺族給付

　会社員が死亡したときには、妻は遺族基礎年金をもらえる子供がいなくても遺族厚生年金をもらえますが、自営業の夫が死んだ妻の場合、同じ環境では遺族基礎年金をもらうことができません。

　そこで、このような不公平を起こさないために「寡婦年金」「死亡一時金」という制度が設けられています。**寡婦年金**とは、結婚10年以上の妻の場合、60歳から65歳まで夫がもらったと考えられる老齢基礎年金の4分の3が支給される制度です。寡婦年金をもらう要件がそろっていない場合にもらえるのが死亡一時金です。**死亡一時金**は、保険料納付済期間によって12万円〜32万円の範囲で支給されることになります。支給を受けるには、国民年金第1号被保険者として保険料を3年以上、納めている必要があります。

　寡婦年金の支給要件と死亡一時金の支給要件の両方を満たしている人の場合、どちらかを選択して受け取ります。

## 遺族年金の請求手続

　被保険者が厚生年金保険加入中に死亡した場合は、死亡前の最後の会社を管轄する年金事務所に、以前厚生年金保険に加入していたことのある被保険者の死亡の場合は死亡した者の住所地を管轄する年金事務所に、国民年金の加入中に死亡した場合は、住所地を管轄する市区町村役場に遺族給付裁定請求書（次ページ）を提出します。

## 書式　遺族給付裁定請求書（抜粋）

**届書コード** 7 3 1 （届書）

**年金請求書（国民年金・厚生年金保険遺族給付）**　様式第105号
〔遺族基礎年金・特別遺族年金・遺族厚生年金〕

○のなかに必要事項を記入してください。
◆印欄には、なにも記入しないでください。
○フリガナはカタカナで記入してください。
○請求者が自ら署名する場合には、請求者の押印は不要です。

（年金事務所 受付年月日）

**年金コード** 1 4 5

※基礎年金番号が交付されてない方は、①、③の「基礎年金番号」欄は記入の必要はありません。

### 死亡した人

- ①基礎年金番号： 2 2 1 1 1 2 3 4 5 6
- ②生年月日：明・大・㊎・平　13年 2月 9日　05月 06日
- 氏名（フリガナ）ナガイ　マモル　長井　守　性別 ①男・女2
- ⑥記録不要制度（厚）（船）（国）　⑫作成原因 01 02　⑦進達番号　送信
- ⑩別紙区分　⑪戦加　⑫重複　⑬未保　⑭支給
- ⑮受給権者数　⑯長期　⑰基加　⑱沖縄　⑲旧令

### 請求者

- ③基礎年金番号： 2 3 1 2 3 4 5 6 7 8
- ④生年月日：明・大・㊎・平　15年 3月 1日　10月 16日
- ⑱氏名（フリガナ）ナガイ　ユウコ　長井　裕子　⑳続柄 妻　性別 男・㊛2
- ㉑住所の郵便番号　2 1 3 0 0 0 0　㉒住所コード　住所（フリガナ）イチカワシ　ユウヒチョウ　市川市区町村　夕日町 2-16-16

### 死亡した人

過去に加入していた年金制度の年金手帳の記号番号で、基礎年金番号と異なる記号番号があるときは、その記号番号を記入してください。

- 厚生年金保険　　　　国民年金
- 船員保険

### 請求者

請求者の「③基礎年金番号」欄を記入していない方は、次のことにお答えください。（記入した方は回答の必要はありません。）
過去に厚生年金保険、国民年金または船員保険に加入したことがありますか。○で囲んでください。　ある・ない
「ある」と答えた方は、加入していた制度の年金手帳の記号番号を記入してください。

- 厚生年金保険　　　　国民年金
- 船員保険

### 受取機関

いずれかを選んで記入してください。

**1 金融機関（ゆうちょ銀行を除く）**
- ㉔金融機関コード
- 銀行・金庫・信組　東都　（フリガナ）イチカワ　市川　本店・支店・出張所・本所・支所
- 都道府県名
- 信連・農協・漁協・信漁連
- ㉗預金通帳の口座番号　3 0 1 2 4 5 6
- 金融機関の証明　印

**2 ゆうちょ銀行（郵便局）**
- ㉘支払局コード
- ㉙貯金通帳の口座番号　記号（左詰めでご記入ください。）　－　番号（右詰めでご記入ください。）
- ゆうちょ銀行（郵便局）の証明　印

※口座をお持ちでない方や口座でのお受取りが困難な事情がある方は、お受取り方法について、「ねんきんダイヤル」又はお近くの年金事務所にお問い合わせください。

### 加算額の対象者または加給金の対象者

| | 氏名 | | ㉙生年月日 | ㉚診 障害の状態 |
|---|---|---|---|---|
| （フリガナ） | ナガイ | ヤスオ | 昭・㊍ 5 | 障害の状態に ある・ない |
| （氏） | 長井 | （名）保夫 | 7 04 12 11 | |
| （フリガナ） | ナガイ | ミエコ | 昭・㊍ 5 | 障害の状態に ある・⃝ない |
| （氏） | 長井 | （名）美恵子 | 7 06 05 23 | |
| （フリガナ） | | | 昭・平 5 7 | 障害の状態に ある・ない |
| （氏） | | （名） | | |

連絡欄

X線フィルムの送付　有・無　　枚
X線フィルムの返送　　年　月　日

(22.1)

# 10 震災の影響で保険の継続手続きを怠っていたとき

被災者には、特別に猶予期間が設けられている

## ■ 最大6か月の猶予がある

　自動車保険や、火災保険、傷害保険などは、満期が来たら継続手続き（保険契約の更新手続きのこと）をしないと、失効してしまいます。普通の生活をしているときは、自己責任で継続手続きを忘れないようにしなければなりません。ただ、平成23年3月に生じた東日本大震災では、被害の程度が甚大で「保険の手続きどころではない」という状況が生じました。そのため、東日本大震災については、福島第一原発事故による被災も含めた被災者に対し、損害保険の継続手続きと保険料の払込が猶予される措置がとられています。具体的には、自賠責以外の損害保険は継続手続きと保険料の払込が最大6か月間、猶予されます。

　自賠責保険は、車検証の有効期間が3月11日から6月10日の間にある場合、車検証自体の有効期間が6月11日まで延長されました。これにより、継続手続きの猶予期間も6月11日まで延長されました。なお、保険料の払込は6か月間、猶予されています。

　また、そもそも継続手続きが必要のない被災者もいます。損害保険をかけている家や家財道具が津波による流失、あるいは火事による焼失した場合は、保険金が受け取れるかどうかを損害保険会社に確認したうえで、受け取れるならば請求を、受け取れないならば、解約をしましょう。任意での自動車保険をかけている自動車については、保険会社から「中断証明書」を発行してもらいましょう。中断手続きをとることで、現在の割引率を引き続き適用できます。「もう、自動車は購入しない」という人は、自動車保険の解約を検討しましょう。

# 第2章

# 損害保険のしくみ

# 1 損害保険について知っておこう

**偶然の事故によって生じる損害を補償する**

## ■ 損害保険とはどんなものか

**生命保険**は人の生命を対象として一定額の保険金を支払います。それに対して**損害保険**は偶然の事故（自然災害、火災、自動車事故など）によって生じる損害を補償するものです。

損害保険会社と保険契約を結ぶことによって、偶然の事故による損失に対し、その損失の程度に応じて保険金を受け取ることができます。

## ■ 何を補償してくれる保険なのか

地震や津波、火災、交通事故など偶然の事故は、いつ発生するかわかりません。事故に備えて貯蓄を始めたとしても、事故は貯蓄が十分になるのを待ってはくれません。

その点、損害保険に加入していれば、不幸にして事故が発生した場合には保険金を受け取り、損害つまり経済的損失を補償して埋め合わせることができます。こうして加入者は少ない保険料で大きな安心を得ることができるのです。

## ■ 損害保険にはこんな種類がある

損害保険にはいくつかの種類があります。個人（家庭）向けの代表的な損害保険を次に紹介します。

① **自動車保険**（88ページ）

自動車事故による損害にまつわる保険です。衝突、接触、盗難などの事故に対応する車両保険、他人を死亡あるいはケガをさせてしまったときの損害賠償に備える対人賠償責任保険、相手の車両や他人の家

屋、電柱などに与えた損害を補償する対物賠償責任保険などがあります。

② **火災保険（47ページ）**

火災による家屋の焼失を補償してくれる保険です。落雷、破裂・爆発などの損害にも適用されます。

③ **地震保険（64ページ）**

地震による住宅と家財の被害を対象とします。

④ **傷害保険（77ページ）**

偶然の事故による人の体の傷害に関する保険です。交通事故を対象とする交通事故傷害保険、旅行中の傷害事件を対象とする国内・海外旅行傷害保険、スポーツやレジャーでケガをした場合に適用される釣り保険やゴルファー保険など多くの種類があります。

■ **損害保険の種類**

| | |
|---|---|
| 火災保険 | 火災や落雷などの災害による建物や家財に対する危険に備える保険 |
| 地震保険 | 地震・噴火・津波による建物・家財に対する損害に備える保険 |
| 自動車損害賠償責任保険（自賠責） | 交通事故により他人を死傷させてしまう危険に備える加入が義務づけられている保険（強制保険） |
| 自動車保険（任意保険） | 交通事故による対人・対物・自損・同乗者などの損害に備えるために任意に加入することができる保険 |
| 傷害保険 | 日常生活でのケガや国内・海外旅行中に被る損害に備える保険 |
| 医療・介護保険 | 病気やケガでによる入院治療費、介護費用の負担に備える保険 |
| 個人賠償責任保険 | 他人の身体や、所有物に損害を与えた場合に備える保険 |

## ■ 種類によって異なる保険期間と保険料

　損害保険会社が損害を補償する期間を**保険期間**といいます。契約者が支払うお金が保険料です。保険期間と保険料は、保険の種類によって異なります。

　通常の損害保険の保険期間は1年か2年で、掛け捨て型（災害や傷害に遭わなくても掛け金の払戻しを受けられないタイプの保険のこと）が一般的です。一方、貯蓄機能を備えた積立型の保険期間は3〜20年、もくしはそれ以上の長期にわたるものがあります。積立型の保険料は一括払いによる割引があります。保険期間が長期であればあるほど保険料は割引されるしくみとなっています。

　このようなしくみになっているため、保険期間と保険料は契約する保険の種類によって異なるのです。

## ■ 契約締結後、義務が課せられる

　損害保険会社と保険契約を結んで以降、保険契約者には特定の義務が課せられます。一定の事実が発生した場合に、契約者または被保険者がその事実を保険会社に通知しなければならないという**通知義務**です。通知義務には2つあります。

　1つは、保険期間中に危険が変更・増加するような事実が生じたときは、その事実を保険会社に通知しなくてはならないという義務です。契約当初に比べて危険が増しているような場合は、保険会社は保険料の追徴を行います。反対に危険が減少している場合は、当初支払われた保険料より少なくてすむため、保険料の払戻しが行われます。そのため、契約者には通知する義務が生じるのです。

　もう1つは、保険事故が発生した場合、その事実をすみやかに保険会社に通知しなくてはならないという義務です。これは、事故の調査、損害の拡大防止など必要な措置を手間取らないようにするために設けられたものです。

## 2 火災保険とはどんなものなのか

火災による建物や家財などの損害を補償する

### 火災保険で補償される範囲

　建物や家財は常に火災によって損害を被る危険にさらされています。このリスクをカバーするのが**火災保険**です。

　ただし建物のみを補償する火災保険と家財のみを補償する家財保険があり、別々に契約しなければなりません。また、建物を補償する火災保険には、①専用住宅を対象とする火災保険と、②店舗や工場、倉庫など住宅以外の建物を対象とする火災保険があり、種類が異なります。

　火災保険では、住宅や家財の損害分だけでなく、火災に伴って発生する諸経費もそれぞれの条件が満たされた場合は補償の対象となります。諸経費とは、残存物片付け費用、失火見舞費用、死亡や後遺障害、重傷などの際の傷害費用、臨時費用、損害の防止を軽減するために必要な損害防止費用などです。支払額の算出方法と限度額はそれぞれ異なります。

　ところで、「火災保険」という名前がついていますが、補償するのは火災による損害だけではありません。あまり知られていませんが、落雷、破裂・爆発、風災・ひょう災・雪災による被害も補償されます。さらに住宅総合保険であれば、建物外部からの物体の落下・衝突、水もれ、騒じょう・集団行動、盗難、持ち出し家具の損害、水災による損害などにも対応します。

　このように火災保険が対象とする範囲はとても広いのです。

### ■ 損害保険はすべて「実損てん補」

　火災保険だけでなく、損害保険は「実際に生じた損害のみてん補する」という考え方に基づいています。これは「保険金は実際に補償すべき損害額だけが支払われる」という意味です。

### ■ 地震による火災は補償しない

　注意しなければならないのは、地震によって発生する火災や津波は、火災保険だけでは補償されないということです。火災保険とセットで「地震保険」に加入する必要があります。地震保険は火災保険のオプションですので、火災保険だけに加入することはできますが、地震保険だけに加入することはできません。

　また、自動車保険の場合は、地震・噴火・津波による車両損害や搭乗者傷害を補償する特約をつけなければ、地震の被害について自動車保険の保険金は支払われません。地震保険については64ページでとりあげます。

### ■ 台風被害はどうなる

　台風による強風や突風を原因とする被害は、火災保険が補償してくれます。たとえば台風で屋根の一部が壊れた場合、実際の損害分の保険金が支払われます。しかし、台風による水災は通常補償されません。水災をカバーするのは「住宅総合保険」（54ページ）という種類の損害保険となります。

　その場合、「建物あるいは家財の評価額の30％以上の損害が生じたとき」「床上浸水で、建物あるいは家財の評価額の15％以上30％未満の損害が生じたとき」などの条件にあてはまることが保険金支払いの条件となっています。

## ③ 火災保険に加入する際の保険会社や代理店の選び方

自分で代理店を探して契約するのが理想的

### ■ どんな加入方法があるのか

　一般的にマイホームを購入する際には住宅ローンの契約と一緒に火災保険に加入します。火災保険を販売しているのは、損害保険会社、保険代理店、銀行です。しかし、実際は、損害保険会社が保険を直接販売することはほとんどありません。保険代理店を通じて契約するのが普通です。一方、銀行は、数年前から単なる販売業務のほか、販売代理店業務もできるようになっています。販売業務と代理店の大きな違いは、代理店の場合、保険会社の代理人として、契約者と保険契約を結べるという点です。事故が起こった場合には、代理店が調査などを行うなど、契約者に対して一定の責任を持つことになります。

　加入方法としては、①契約者が自分で代理店を選ぶ、②住宅ローンを借りた銀行の系列の代理店で契約する、③住宅ローンを借りた銀行が代理店業務を行っている場合にはその銀行で契約する、の3パターンがあります。

　③の、住宅ローンを借りた銀行が代理店業務を行っている場合にその銀行で火災保険契約をするという方法が、費用を安くすませることができ、この方法を利用している人が多いのかもしれません。

　ただ、実際に火災保険料を払うのは、ローンの申込者ですから、契約者が自分で保険代理店を調べることも大切です。代理店業務を兼ねて行っている銀行よりも詳細なノウハウをもっている店舗が見つかることもありますから、火災保険の事故処理に詳しい代理店を選ぶようにしましょう。

## 必要な補償を選別することが大切である

火災保険に加入する際に気をつけなければならないのは、火災保険とセットになっている補償を精査し、不要なものは外して契約することです。

また、火災保険には台風などの水害に備える保険などもよくセットになっている場合があります。しかし、マンションの高層階に住んでいる人には、ムダな補償になります。精査が必要です。

■ 火災保険の代理店の選び方と契約のポイント

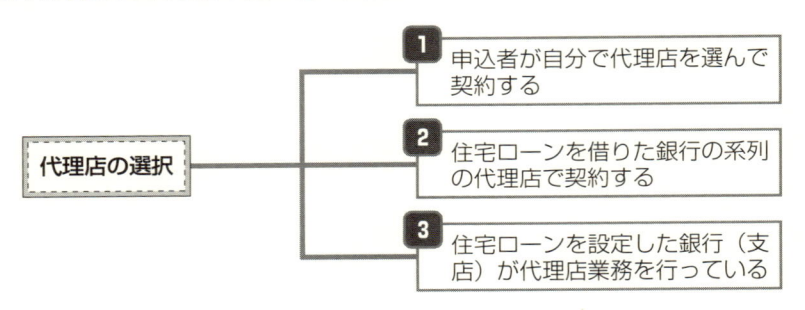

代理店の選択
1. 申込者が自分で代理店を選んで契約する
2. 住宅ローンを借りた銀行の系列の代理店で契約する
3. 住宅ローンを設定した銀行（支店）が代理店業務を行っている

- ●損害保険の販売を専業としている代理店を選ぶ
- ●不要なオプションは外してムリのない契約をする

# ④ 火災保険の保険金はどのように決まるのか

**補償されるのは現在の値段「時価」**

### 保険料は時価評価が大事

　火災保険に加入した場合、注意したいのは実際の損害額の算定の仕方です。火災保険は契約時の金額がそのまま支払われるのではなく、「時価に対する保険金額の割合」に応じて支払われるからです。

　**時価**とは、保険の対象となっている物件の現在の値段のことです。住宅や家財は年数とともに劣化していくものなので、古くなればなるほど「時価」は下がっていくことになります（美術品や書画、骨董品のように特別の価値がついているものは除く）。

　たとえば家を新築した際に3000万円の保険金が補償される火災保険に加入し、30年後にこの建物が全焼した場合を例に挙げて説明しましょう。

　支払われる保険金は、残念ながら3000万円ではありません。建築してから30年も経てば住宅の価値が新築時より大きく下がっているからです。保険会社から仮に「時価1000万円」と算定されれば、前出した「実損てん補」の考えに基づき、支払われる保険金は1000万円になります。

　しかし、これでは全焼しても1000万円の保険金しか支払われないのに、「保険金3000万円相当」の保険料を支払い続けてきたことになります。つまり、金銭的に大きな損になります。

　こういった不幸なケースを未然に防ぐには、保険会社に「時価評価」を依頼して、それに基づいて保険料を減らすか、保険金額を**新価**に設定することが必要になります。「新価」とは「再調達価格」とも呼ばれるもので、同じものを入手する場合に必要となる金額のことです。

前述した「3000万円の保険金が補償される火災保険に加入し、30年経った住宅」のケースでは、時価は1000万円ですが、新価は物価水準が変わらなければ3000万円です。

全焼した場合、時価で契約したままなら、保険金は1000万円しか支払われません。しかし、新価で契約していれば3000万円支払われます。ただし、新価での契約は、「価格協定特約」を別途に締結するなどして、保険料を多く負担しなければなりません。

### 保険金額「時価の8割以上」のルール

では、建物の時価が3000万円でも「全焼するリスクは少ないから」という理由で保険金を1500万円にしたケースを想定してみましょう。

火災により家屋の一部が焼失し、1000万円の損害が出た場合、支払われるのは1000万円より低くなります。実際には損害額の半分くらいしか保険金はおりないのです。保険会社は保険価格に対する保険金額の割合でてん補するという原則があるためです。このような考えを**比例てん補**と呼びます。

時価に対して8割未満の保険金額とした場合には、以下の計算式から得られる金額が支払われます。

$$支払われる保険金額 = 損害額 \times \frac{契約した保険金額}{時価 \times 0.8}$$

計算式によれば、保険金は625万円しか支払われないということになります。保険金額が「時価の8割以上」ない場合、損害額の一部しか保険金が支払われないというルールが適用されるのです。最近は「比例てん補」のない商品も発売されているので、契約の際に確認してください。

## 住宅ローン利用者専用の火災保険もある

　銀行や信用金庫など金融機関が自行で住宅ローンを利用している顧客向けに販売しているのが、住宅の火災を補償の対象とした**住宅ローン専用火災保険**です。

　住宅ローン利用者が多数加入する結果、団体扱い（事業所などの団体で加入し、団体加入者の給与などから保険料を天引きするしくみ）割引が適用されるため保険料が割安になることと、融資期間に合わせた長期契約ができるのが大きな特徴です。また、ほとんどの商品が家財保険とあわせて加入できるようになっています。

　それでも、家庭用火災保険と同じく地震・津波・噴火による火災や倒壊などの損害については保険金が支払われません（例外として地震火災費用保険金は支払いの対象となる場合があります）。

　そのため、地震の被害の補償を求める場合には専用火災保険の契約と同時に地震保険に加入することになります。

■ 再調達価格と時価

◯再調達価格3000万円、消耗分2000万円のケース

3000万（再調達価格）
消耗分
1000万
時　価

再調達価格(3000万) － 消耗分(1000万)
＝ 時価(2000万)

## ⑤ 住宅用火災保険にはこんな種類がある

> 補償範囲によって3タイプある

### ■ 保険の種類によって異なる住宅の補償

　住宅専用の火災保険には住宅火災保険、住宅総合保険、オールリスクタイプ（オールリスク保険）といったものがあります。

　住宅専用につくられた最もベーシックな火災保険が**住宅火災保険**です。火災リスクだけでなく、落雷・破裂・爆発・風災・雪災による損害にも保険金が支払われます。ただし風災の場合、損害の箇所の数ではなく、損害額にして20万円以上にならなければ支払われません。

　住宅火災保険よりも補償範囲が広くなっているのが**住宅総合保険**です。住宅火災保険の補償範囲にプラスして、水災、建物外部からの物体の落下・飛来・衝突、水もれ、盗難、集団的破壊行為、労働争議に伴う暴力行為などによって生じた損害にも保険金が支払われます。水災のみ「床上浸水または保険価格の30％以上の損害を受けたものに限る」などの条件があります。

　さらに幅広いリスクを補償するのが**オールリスクタイプ**です。単一のリスクを個別に補償するタイプよりも、総合的に契約するほうが「保険料を安く抑えられる」というメリットもあり、近年主流になりつつあります。

　大きな特徴は、従来の総合住宅保険がカバーできなかった細かなリスクに対応していることと、必要な補償と不必要な補償を選択できることです。

　たとえば、従来補償しなかった外灯やベランダなど付属屋外設備も補償の範囲として選択できます。また、火災によって住宅に住めなくなったときに適用される宿泊費用や、持出し家具の補償などにも保険

金がおりるタイプもあります。

　各保険会社が独自の商品を開発しているので、加入を検討している方は複数の会社の商品を比較してみることをおすすめします。

## ■ 火災保険の「臨時費用」とは

　火災保険は、住宅や家財の損害分だけでなく火災に伴って発生する諸経費（費用）も補償の対象となります。それぞれの条件が満たされた場合に限り支払われるもので、具体的には残存物片付け費用や失火見舞費用などです。

　そのなかに「臨時費用」と呼ばれる費用があります。火災による損害保険金の30％程度を保険金とは別に支払ってもらえることがあるのです。限度額は100万円です。

　たとえば住宅の一部が焼失し、その損害額が120万円と算定された場合、120万円に加えて臨時費用36万円が支払われるケースがあるのです。

　臨時費用の支払いによって、実際の損害額を上回る保険金を受け取る場合も生じますが、これは認められています。

## ■ 実損額を補償するタイプもある

　火災保険に限らず、損害保険は損害額を「時価額」や「新価」で算定しますが、「オールリスクタイプ」には実際の改修にかかった実損額を補償するタイプがあります。

　たとえば風災による損害の場合、従来「損害額20万円以上」の損害でないと補償されませんでしたが、オールリスクタイプでは少額でも実損額が補償されことがあるのです。

# ⑥ 店舗用の火災保険にはどんな特徴があるのか

> 店舗には店舗用の火災保険がある

## ■ 店舗用の火災保険とは

　火災保険のタイプは対象物件の種類で分けることができます。住宅専用の「住宅物件」、店舗や店舗併用住宅、商業施設、小規模工場などを対象とした「一般物件」、中・大規模工場を対象とした「工場物件」、倉庫を対象とした「倉庫物件」です。住宅や店舗併用住宅は個人が加入する火災保険で、大型の店舗や商業施設、工場、倉庫などは企業（法人）が加入する火災保険といえるでしょう。

　このように分けられる理由は、火災によって生じる損害の度合いが異なるからです。

　店舗併用住宅の場合は、店舗の占める面積が小さくても一般物件に該当するため、**店舗総合保険**という種類の火災保険に加入しなければなりません。住宅専用の火災保険に入っていても店舗に生じた火災については補償されません。住宅の一部を改装して自宅兼店舗として営業している場合も同様で、それまで加入していた住宅専用の火災保険から店舗用の火災保険に変更する必要が生じます。

## ■ 店舗用の補償範囲は

　住宅を対象とした火災保険に「住宅火災保険」や「住宅総合火災保険」など補償範囲の異なる種類があるのと同じく、店舗用の火災保険にもいくつかの種類があります。

　最もベーシックなタイプの**普通火災保険**は、火災、落雷、爆発、破裂、風災、雪災などを補償します。

　それよりも補償範囲の広い**店舗総合保険**は、普通火災保険にプラス

して建物の外からの物体の落下・飛来・衝突・倒壊、水もれ、水災、集団・労働闘争による暴力行為などを補償の対象とします。また、加えて「臨時費用」もついてきます。

さらに細かい補償を備えているのが「オールリスクタイプ」(54ページ)です。店舗で起こりうるさまざまな損害に対応する火災保険です。一般に実損額を補償するものが多く、そのため保険料も普通火災保険や店舗総合保険よりやや高くなっています。

事業用のみの建物の場合は地震による損害は補償されませんが、店舗兼住宅の場合は地震保険を付帯することもできます。

また、店舗につきものの「盗難」のリスクについては、特別なルールがあります。店舗内や住宅として使用している場所に置いた家財が盗まれた場合は保険金がおりますが、商品の万引きには対応していないのです。万引きや盗難に備えるには、店舗総合保険に加えて**盗難保険**を掛けておく必要があります。

## 店舗用の保険料は住宅用より高い

店舗用の火災保険の保険料は、住宅用の火災保険よりやや高く設定されています。店舗は人の出入りが多く、火災のリスクが住宅より高いと想定されているからです。

建物の構造や面積、店舗の種類(飲食店は火災が発生するリスクが高い)によっても異なりますが、住宅用の火災保険よりだいたい1〜2割高くなるケースが多いようです。

また、保険の自由化に伴いさまざまな保険会社から、新型火災保険が発売されています。基本的な補償は、住宅の火災、落雷、破裂・爆発、風災、ひょう災、雪災が対象となりますが、店舗併用住宅を補償対象とするものなどもあります。

住宅火災保険・住宅総合保険の販売を中止して、新型火災保険のみを販売している保険会社もあります。

## 7 賃貸住宅に関する火災保険の特徴とは

入居者は家財保険と借家人賠償責任に加入

### 入居者が火災保険に加入する理由

　賃貸のアパートやマンションの場合、入居者は契約の期間のみ特定のスペースを借りて住むことになります。

　賃貸住宅の場合、建物の所有者はあくまでも家主（大家）ですから、建物の火災保険に加入するのは家主です。そのため、もし入居者が火事を起こして建物が焼失してしまったら、保険金は家主に支払われます。

　したがって、入居者はまず家財を対象とした火災保険に入っておく必要があります。家財保険に加入しない場合、火災や天災による家財の損害をすべて自己負担しなければいけなくなるからです。

　その点、家財保険に入っていれば、隣家から出火した際に消火活動で部屋が水びたしになったり、もらい火で家財が被害を受けたりするときにも、入居者が加入している「家財」の火災保険によって保険金を受け取ることができるのです。もちろん、火災だけでなく、「階上の部屋が事故によって水もれを起こし、天井から水が落ちてくる」といったトラブルも補償してもらえます。

　また、近年では家財保険にいくつかの特約がつくようになっています。たとえば「給排水管修理費用」や「ドアロック交換費用」です。火災や風災などで給排水管が破損したり、ドアの鍵が壊れたりした場合でも契約している入居者に保険金がおりるわけです。

　このような補償の範囲が広くなっているので、賃貸契約時に加入する家財保険に特約を付加すれば、予想しないリスクにもきちんと備えることができます。

## ■「借家人賠償責任」つきの火災保険

　失火時の責任について定めた失火法（失火の責任に関する法律）は、「故意または重過失により火災を発生させた場合以外は、近隣の家を延焼させてしまっても賠償義務は負わなくてもよい」と定めています。つまり、失火した人に重大な過失がない場合、誤って火事を起こしても出火者は隣家への賠償責任を問われないのです。

　ただ、隣家に対する責任は負わなくても家主への賠償責任は負わなければなりません。隣家とは異なり、家主との間には賃貸借契約という契約関係があるためです。

　入居者は契約上、家主に対して「契約期間終了後、借りていた部屋を元に戻して返す」という債務を負っています。一般に「原状回復」と呼ばれる義務のことです。ところが、家主から借りていた自分の部屋（債務）を失火によって燃やしてしまったら、返せなくなります。これが「債務不履行」と呼ばれるもので、借主は家主に対して責任を負わなければなりません。

　家主からすれば、「貸している部屋を火事で燃やしたのだから、元通りにして返してくれ」と入居者に賠償責任を追及できるということです。

　ただ、部屋を元に戻すとなると多額の費用がかかり、入居者に賠償できるだけの貯蓄がないケースが想定されます。それに備えるために入居者は賃貸契約時に**借家人賠償責任保険**（「借家人賠償責任補償」という名称を使っている保険会社もある）に加入するようすすめられるのです。加入は必ずしも強制ではありませんが、家主や不動産会社によっては賃貸契約の条件としているケースも見受けられます。

　この保険は単独で契約するものではなく、おおむね家財を対象とした火災保険の特約となっているので、セットで加入することになります。

## 8 家財保険や地震火災費用保険金について知っておこう

> 地震による火災の一部を補償してくれる火災保険もある

### ■ 家財保険の対象は

**家財保険**は、家財を補償対象とする火災保険です。火災保険の一種で、実は、家財保険という名称の商品は正式にはありません。補償の対象となる「家財」ですが、家具や布団などの生活必需品だけを指すのではありません。テレビやパソコン、デジカメといった家電製品、楽器、書籍、自転車、バイク、ゴルフクラブなどの趣味の用品、貴金属など、生活に使う品物を幅広く指します。食料も家財です。ただ、実際に補償される品目は、保険会社や保険商品ごとに違いますので、確認が必要です。

家財保険を請求する際に注意しなければならないことは、補償の対象となる家財が壊れたことを証明する写真や、修理する場合は、修理費用の見積もり書などを保険会社に提出しなければならないということです。補償対象が壊れたからといって、うっかり、写真を撮らずに捨ててしまった場合、保険金が下りない可能性がありますので、気を付けてください。

### ■ 商品によって異なる

火災保険のなかには、地震保険ほどではありませんが、地震による家や家財道具の損害を補償してくれる商品があります。支払われるのは**地震火災費用保険金**です。

地震火災費用保険金は、地震や津波、火山の噴火によって火災が起こり、家や家財道具が一定以上、焼失してしまった場合に支払われます。支払われる金額は契約している火災保険金の5％程度で限度額が

あるのが普通です。ただし、あくまで、火災保険が想定していない地震、津波、噴火による損害なので、火災保険金は支給されません。

地震火災費用保険は、火災保険の商品によって特約としてつける場合と、あらかじめセットになっている場合とがあります。現在販売されている火災保険には、特約かセットでつけられる商品がたくさんあります。商品によって補償の条件や内容は違いますが、家の場合は半焼以上、家財道具の場合は全焼の損害を被った場合に支払われるように設計されている商品が多いようです。支払われる金額については、火災保険金の5％程度、上限300万円程度というように、基準が設定されているのが一般的です。

また、損害保険会社によっては、火災保険と地震保険に加入し、さらに特約をつけることで地震が原因の火災による損害を全額補償してくれる商品もあります。

火災保険の種類によって、補償条件、内容が違いますので、契約している保険会社にしっかりと問い合わせることが大切です。

■ **火災保険と家財保険**

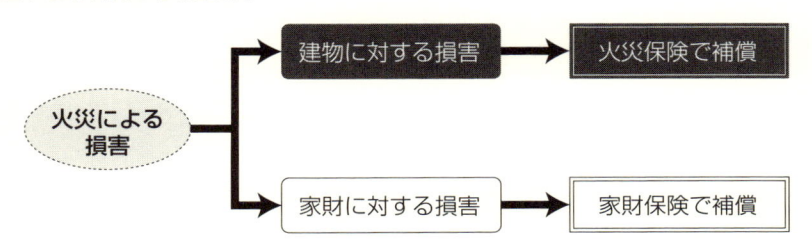

| 火災による損害 | → | 建物に対する損害 | → | 火災保険で補償 |
| | → | 家財に対する損害 | → | 家財保険で補償 |

# ⑨ 火災保険金が出ない場合を知っておこう

> 大規模災害の場合も保険金は出ない

## ■ 出ない場合をおさえておく

　火災保険の保険金が下りるのは、火災のほか、落雷や爆発で損害を被った場合です。その他の災害による損害では、保険金がもらえない場合と、条件によってもらえたり、もらえなかったりする場合とがあります。

　保険金がもらえないケースは、2つです。

　まず、大規模災害が原因で発生した損害です。大規模災害とは、地震、津波、火山の噴火です。これらはいずれも、災害規模が非常に大きく、被害のすべてを補償したら、損害保険会社が倒産してしまう恐れがあるため、あらかじめ補償する条件から外してあるのです。しかし、今回の東日本大震災では、2007年の新潟県中越沖地震の時と同様にすべての損害保険会社が保険金を支払うことを表明していますので、大規模災害による保険金の不払いにはなりません。

　地震に備える保険は地震保険（64ページ）で対応することになりますが、最低限の備えとして地震火災費用補償保険（60ページ）に加入するという方法はあります。

　保険金がもらえない、もうひとつの場合とは、契約者や被保険者が故意、重過失（不注意の程度が著しいこと）、違法行為で起こした損害の場合です。

## ■ 契約者や被保険者が故意、重過失、違法行為で起こした損害

　「火災で家を失っても火災保険に入っていれば、常に補償が受けられる」と思い込んではいけません。火災保険は、確かに火災で家を

失ったときのためにあるのですが、たとえば、保険金欲しさに自分の家に火をつけた場合は、保険金がもらえるでしょうか。おそらく、もらえると答える人は誰もいないでしょう。火をつけた人は、保険金どころか、犯罪者として警察に逮捕されるはずです。

実際、このような契約者による不正・不法行為による被災は補償対象になりません。火災保険の契約約款にも、契約者や被保険者といった保険金を受け取れる人が故意や重大な過失、法令違反で火事になった場合には保険金を支払わないということが明記されています。

注意しなければならないのは、保険金が支払われない場合の「重大な過失」とは具体的にどのような過失を言うのかということです。たとえば、ガスコンロに火をかけっぱなしにして外出したら、火事になったというような場合は、重大な過失であることは納得できます。しかし、子供が親に叱られた腹いせに自宅に火をつけた場合などは、意見が分かれることもあるでしょう。「重大な過失」は、個々のケースで判断される場合も少なくないのです。

### ■ 条件しだいで出るという場合にはどんなものがある

条件によって、保険金がもらえたり、もらえなかったりする場合もあります。「条件によって」とは、特約やあらかじめ火災保険にセットされていることによって、補償対象となる災害もあるということです。具体的には、水災、風災、雪災、ひょう災、盗難などです。これらの災害による損害は、住宅総合保険に加入していれば、補償されるのが一般的ですが、火災保険では、個々の災害ごとに補償対象になっているかどうかを確認する必要があります。

## 10 地震保険の特徴について知っておこう

火災保険とセットで入る地震災害専用の保険

### ■ 地震保険にはどんな特徴があるのか

　2011年3月11日、日本の観測史上最大となるマグニチュード9.0の巨大地震が発生し、大きな被害をもたらしました。記憶に新しい東日本大震災です。

　今回の大地震の発生により、「日本は大地震のリスクにつねにさらされている国である」ということを再認識した人も多いことでしょう。また、これをきっかけに、地震保険への加入を検討し始めたという人も多数いるのではないでしょうか。

　**地震保険**は、地震・噴火、地震による津波、これらを原因とする火災・損壊・埋没・流失による損害を補償する地震災害専用の保険です。補償の対象となるのは、居住用の建物と家財で、事業用のみの建物は対象外となります。

　地震保険の大きな特徴の1つとしては、火災保険とセットでしか契約できないことが挙げられます。

　2つめの特徴は、この保険が「地震保険に関する法律」に基づき、国と民間で共同運営されている、ということです。地震保険はもともと地震による被災者の生活の安定に寄与することを目的として設立された公共性の高い保険なので、国が保険金の一部を補償するしくみになっているのです。

　また、地震は多数の人が同時に被害にあう可能性の高い災害なので、一度に多額の保険金の支払いが必要となることが予想されます。これをすべて保険会社に負担させようとすると、大震災が発生した場合、保険会社が破たんするかもしれません。そこで、民間保険会社が負う

保険金支払責任の一定額以上の損害を政府が補うという形になっているのです。

3つめの特徴は、このように法律で定められた保険なので、どの保険会社で加入しても保険料や保険金の支払額は同じである、ということです。保険金には、被害の状態に応じて次のような基準があります。

・全損の際には、契約金額の100％（時価が上限）
・半損の際には、契約金額の50％（時価の50％が上限）
・一部損の際には、契約金額の5％（時価の5％が上限）

ただ、すべての地震被害において、これだけの保険金の支払いが保証されているかというと、そうではありません。1回の地震で支払われる保険金の総額には上限があり、これを超える被害が発生した場合は、各保険加入者に支払われる保険金を減額して調整するとされています。

4つめの特徴は、保険料が建物の構造（木造、非木造）と地域（1等地〜4等地の4区分）によって異なることです。等地とは所在地（都道府県）の区分のことで、地震が起きるリスクが低い地域が1等地、高い地域が4等地です。つまり、1等地の保険料は低く、4等地の保険料は高くなるのですが、国の措置により、同じ等地に分類されていても都道府県によっては保険料額が異なる地域もあります。

地震保険の都道府県別付帯率（損害保険料率算出機構調べ）によると、4等地に指定されている東京都や神奈川県は地震保険の加入率が高い傾向にあります。東日本大震災の被災地である東北地方については、宮城県の地震保険加入率は高いのですが、それ以外の県では地震保険加入率が低かったようです。

### ■ 増加する加入率と付帯率

　日本損害保険協会の発表によると、地震保険の加入率（世帯数）は23％、付帯率（火災保険に地震保険が付帯されている率）は46.5％となっています（ともに2009年度の全国平均）。

　加入率は地域によって異なり、愛知県34.5％、宮城県32.5％、東京都30％など30％台の地域がある一方で、沖縄県9.5％、島根県11.2％など低い地域もあります。地震の多い地域や、今後大きな地震が発生する可能性が高いと予測される地域ほど加入率が高くなる傾向にあります。

　地震保険は、保険料がほかの保険に比べて割高に設定されているので、一時期加入率が伸び悩んでいましたが、阪神淡路大震災（1995年）の発生以降、加入率、付帯率とも急増し、毎年上昇しています。東日本大震災を機にさらに上昇すると予想されています。

### ■ 国が定める総支払限度額

　地震保険は震災のときに保険金が確実に支払われるよう、国が支援することで成り立っている制度です。ただし、地震による損害が膨大になり、保険会社が保険金を支払えなくなる可能性があるため、1回の地震で支払われる保険金総額には限度が設けられています。これが**総支払限度額**です。

　総支払限度額は「地震保険に関する法律」によって定められおり、見直しが必要と判断された場合は国会において可決し、変更されます。2008年4月、5兆円から5兆5000億円に引き上げられました。この額は、東日本大震災の発生を受け、さらに引き上げられる可能性があります。

### ■ 火災保険と地震保険の関係

　「地震保険は火災保険とセットでしか入れない」と説明しましたが、

火災保険だけ入っていて地震保険には入らないという選択はできます。しかし、この場合、地震で建物が損壊しても保険金は支払われません。また、地震を原因とする火災にあっても補償されません。

ただ、火災保険に「地震火災費用保険金」が付帯されている場合は、「保険金額の5％」「300万円」といった基準に従って保険金が支払われます（61ページ）。

なお、すでに火災保険に加入している人は契約期間の途中からでも加入できます。

## 火災保険をベースに保険料を決める

地震保険の保険料は、火災保険の保険金額30～50％の範囲内で決めることができます。ただし、建物は5000万円、家財は1000万円が限度です。

なお、制度割引として、建築年割引（10％）、耐震等級割引（10～30％）、免震建物割引（30％）、耐震診断割引（10％）の4種類の割引が設けられており（74ページ）、建物の建築年や耐震性能により特定の割引が適用されます。ただし、重複して割引を受けることはできま

■ **地震保険の補償内容**

● **補償の対象**

居住の用に供する建物および家財
※　工場、事務所専用の建物など住居として使用されない建物、価額が30万円を超える貴金属・宝石、通貨、小切手・株券などの有価証券、預貯金証書、印紙、切手、自動車などは地震保険の補償の対象外

● **補償金額**

火災保険の保険金額の30％～50％の範囲内で地震保険の保険金額を設定する
ただし、建物・家財とも以下のように上限がある
建物：5,000万円
家財：1,000万円

せん。

## 火災保険とは違う特約

　火災保険では時価で契約すると保険料にムダが生じるため、「新価」で保険金が支払われるよう設定できます。これは「価格協定特約」と呼ばれています。

　しかし、地震保険には、この「価格協定特約」はなく、全損しても「時価」までの保険金しかおりません。新築より築年数の長い建物のほうが倒壊の可能性が高いため、地震に備えるニーズが高くなりますが、古い建物は時価が低いため地震保険の保険金も少なくなってしまうのです。

## 火災保険にオプションをつけるのは自由

　地震保険は法律で規定されている制度なので、保険会社が独自に開発することはできません。ただ、火災保険にオプションをつけて地震の際の補償を充実させることは可能です。

　たとえば、地震による火災に備えるオプションをつけた保険です。通常の火災保険の地震火災費用保険（60ページ）では、「火災保険金の5％」か「300万円」のいずれか小さいほうの額が支払われますが、それを「火災保険の保険金額の30％」まで拡大したものがあります。地震保険と同額の保険金が支払われる「地震危険等担保特約」も登場しています。

　また、火災保険に入ってなくても加入できる「地震費用保険」を販売する少額短期保険業者（保険金の上限が限定され、契約期間の短いものだけを販売する保険会社）もあります。

# 11 損害区分について知っておこう

全損、半損、一部損の3つの区分に分類される

## 3つの区分がある

　地震による損害を受け、保険金を請求すると、その損害は「全損」「半損」「一部損」の3つの区分に分類されます。支払われる保険金の額は、その区分によって決まります。

　建物の損害における**全損**とは、①建物の土台や壁、柱といった主要な部分の損害額が時価の50％以上、②焼失または流出した床面積がその建物の延べ床面積の70％以上の場合をいいます。

　**半損**とは、①建物の土台や壁、柱といった主要な部分の損害額が時価の20％以上50％未満、②焼失または流出した床面積がその建物の延べ床面積の20％以上70％未満の場合をいいます。

　**一部損**とは①建物の土台や壁、柱といった主要な部分の損害額が時価の3％以上20％未満、②床上浸水もしくは地盤面より45cmを超える浸水により損害を受けた場合で、全損・半損ほどの損害ではない場合をいいます。

　家財の損害における「全損」とは、家財時価の80％以上の損害、「半損」とは家財時価の30％以上80％未満の損害、「一部損」とは家財直の10％以上30％未満の損害をいいます。

　地震保険で3つの区分による保険金の支払いが行われるのは、「地震」という災害の特性が考慮されているからです。地震では、一度に多数の損害が出ます。このため、一件一件細かく査定をしていては、保険金の支払いに時間がかかってしまうのです。損害を受けるのが家屋や家財など、生きていくためにどうしても必要なものが多いことを考えると、少しでも早く保険金を支払うことが求められるため、この

ような方法がとられています。

　地震保険の保険金の支払額は、全損の場合、契約金額の100％、半損の場合契約金額の50％、一部損の場合、契約金額の５％と定められています。たとえば、建物1500万円、家財800万円の補償を受けられる地震保険に加入している場合、全損なら2300万円、半損なら1150万円、一部損なら115万円が受け取れる保険金額ということになります。

　ただし、保険金の額は時価が上限となります。建物1500万円の契約をしていて、全損になっても、建物の時価が1200万円なら保険金は1200万円しか支払われない可能性があるわけです。

## ■ 損害の区分はどのように決めるのか

　「全損」「半損」「一部損」といった区分は、保険会社から派遣される鑑定人の**鑑定**によって決まります。地震により損害を受けたことを保険会社に伝えると、鑑定人が現場に来て実際に損害の状況をチェックし、鑑定してくれるわけです。ただし、東日本大震災のような大規模な被害の場合、一件一件チェックしていると保険金支払いまでにかなりの時間がかかってしまいますので、航空写真などを使って「全損」の地域を決めておくなどといった対応がとられることもあります。

　鑑定では、損害保険各社共通の鑑定基準が設けられており、これを使用することによって保険会社や鑑定人ごとに判断に大きな違いが出ることがないよう、配慮されています。

　ただ、一度に多数の鑑定が必要になる大地震では、細かくチェックすることが難しく、見落としや謝った鑑定が生じる可能性があることも否めません。このため、鑑定人が来る前に自分で損壊部分の確認をしておき、鑑定人の鑑定の際には立ち会いをするようにしたほうがよいでしょう。通常、鑑定は建物外部から行われることが多いようですが、必要に応じて内部への立入をお願いすることもできます。

## 鑑定に納得できないときは

　地震保険では、鑑定の結果によって受け取れる保険金の額がかなり大きく違ってきます。「全損」なら1000万円の保険金が受け取れるところ、「半損」なら500万円、「一部損」なら50万円といった具合です。この額によって、生活再建に向けた計画も全く違うものになりますので、「鑑定後に自分で確認していて、新たな損傷箇所を見つけた」「使えると判断された家財道具が、実際には使えなかった」など、鑑定に納得がいかないという具体的な根拠がある場合には、遠慮せずに保険会社に再鑑定を依頼するべきでしょう。

■ 地震保険の損害区分と支払金額

|  | 判断基準 | | 支払金額 |
|---|---|---|---|
|  | 建物 | 家財 |  |
| 全損 | ①建物の土台、柱、壁、屋根などの損害額が、時価の50％以上の損害<br>②焼失・流失した部分の床面積が、建物の延床面積の70％以上の損害 | 損害額がその家財の時価の80％以上である損害 | 設定した契約金額の100％（時価が上限） |
| 半損 | ①建物の土台、柱、壁、屋根などの損害額が、時価の20％以上50％未満での損害<br>②焼失・流失した部分の床面積が、建物の延床面積の、20％以上70％未満の損害 | 損害額がその家財の時価の30％以上80％未満である損害 | 設定した契約金額の50％（時価の50％が上限） |
| 一部損 | ①土台、柱、壁、屋根などの損害額が、時価の3％以上20％未満の損害<br>②床上浸水もしくは地盤面より45cmをこえる浸水を受けたことにより損害が生じた場合で、全損・半損に至らないとき | 損害額がその家財の時価の10％以上30％未満である損害 | 契約金額の5％（時価の5％が上限） |

## 12 地震保険で補償されないものについて知っておこう

> 30万円を超える貴金属や美術品は補償されない

### ■ 地震保険でカバーできるものとできないもの

地震保険で補償の対象になるのは、家屋と家財です。

**家屋**とは、居住用の家屋のことを言います。店舗や事務所であっても、住居が併設されている場合は対象となります。店舗や事務所のみに使用されている建物は対象となりません。**家財**とは、テレビやエアコンなどの家電製品、家具、調理器具などの生活に必要な財産のことを言います。地震そのものによってこれらに損害が生じた場合はもちろん、地震により発生した火災による焼失、津波による流失といった場合の損害も、補償の対象となります。

ただ、地震によって生じた損害がすべて補償されるかというと、そうではありません。地震保険は「全損」「半損」「一部損」の程度によって保険金が支払われますが、この区分の判断基準になるのは、「建物の主要構造部（柱や壁、床など）」の損壊の割合です。つまり、損壊の場所が門や物置といった附属建物だけで、柱や壁などの主要構造部に問題はないという場合は、補償の対象にならないということです。

また、1個または1組の価額が30万円を超える貴金属や美術品、現金や有価証券といったものは、地震保険における「家財」には含まれません。自動車も、原則として対象外となります。さらに、1台20万円のテレビが地震で落ちて壊れたという場合でも、その損害が家財総額の10％を超えない場合は補償されませんので、注意してください。

このほか、地震による避難中に家財が盗難に遭ったという場合や、地震発生の翌日から10日を過ぎた後の損害については、補償の対象外となります。

## 13 これから地震保険に入るためのポイント

火災保険の方の保険料を抑えるのも一つの方法である

### ■ 保険料を火災保険とセットで考える

　阪神・淡路大震災以降の意識変化により、地震保険の加入者は増加しています。また、「大地震が起こる確率が高い」といわれている地域では高い加入率を示していますが、損害保険料率算出機構の調査によると、2009年度末の世帯加入率は全国平均で23％と低い数値が出ています。「地震保険の有用性は理解できるし、できれば加入したいけれど、保険料の負担を考えるとなかなか実行できない」という人も多いようです。

　このように、保険料の負担が地震保険加入の障害になっている場合で、火災保険には既に加入しているという人については、火災保険と地震保険の保険料をセットで考えてみるのも一つの方法です。火災保険には、火災だけでなく爆発や水害、水漏れ、盗難など、たくさんの補償がついている場合があります。もちろん、どんなリスクがあるかわかりませんから、補償は多いに越したことはないのですが、当然その分保険料は高くなります。

　そこで、火災保険の補償内容を危険性が高く、損害額が大きくなると思われるいくつかの災害に絞り込んで保険料を抑えるようにするとよいでしょう。たとえば「火災や水害、盗難は契約するが、雪災や物体の衝突などは起こる確率が低いので契約をやめる」といった具合です。このような補償の選別によって抑えた保険料を地震保険の保険料にあてれば、月々の負担は変わらないということになるわけです。

　なお、地震保険の保険料は、補償額や住んでいる地域などによって異なりますが、公的な制度として運営されているため、契約条件が同

じであればどの保険会社で加入しても同じ額になります。

## ■ 保険料を安くすることも可能

　地震保険の保険料には、次のような割引制度があります。制度を利用するためには、必要書類を準備してみずから申請することが必要ですが、割引率は10～30％とかなり大きなものになりますので、まずは適用の要件に合致しないかどうか、確認してみてください。

① **建築年数割引**

　対象建物が、1981（昭和56）年6月以降に新築された建物及びその収容家財である場合。割引率は10％。

② **耐震等級割引**

　対象建物が、「住宅の品質確保の促進等に関する法律」等に定められた耐震等級を有している場合。割引率は10～30％（耐震等級による）。

③ **免震建築物割引**

　対象建物が住宅の品質確保の促進等に関する法律に基づく「免震建築物」である場合。割引率は30％。

④ **耐震診断割引**

　1981（昭和56）年以前に建てられた建物のうち、地方公共団体等による耐震診断または耐震改修の結果、建築基準法における耐震基準を満たす場合。割引率は10％。

　なお、割引の適用を受けられるのはいずれか一つの制度だけで、重複して適用を受けることはできません。

　このように、地震保険については、さまざまな方法で経済的な負担を抑えることができます。地震の危険性や損害の大きさを考えると、地震保険への加入の必要性は高いと思われますので、十分に検討してみてください。

# 14 火災保険・地震保険の保険金請求について知っておこう

証拠書類やり災証明書が必要な場合もあるので確保しておく

## ■ 火災保険の請求

　火災保険を請求する時、まず、最初にやることは、保険代理店や保険会社への連絡です。住宅ローンを借りた時に借入先の金融機関で契約したという人は、その金融機関が代理店となりますので、そこに連絡します。

　連絡する項目は、被害の起こった日時、被害の状況、被害が起こった原因、被害の程度などです。被害の程度を証明する写真や被害後の片付けなどにかかった費用の明細などを求められることもありますので、これらの証拠書類はしっかりととっておきましょう。また、これら証明書類のほかに「り災証明書」(11ページ) を求められることもあります。市区町村役場や消防署など、被害の起きた原因となる災害によって証明書の入手先は変わりますので、どこに行って入手するかを保険会社から聞いておくことを忘れないでください。

　その後、保険会社から鑑定人が来て、損害状況の鑑定が行われます。鑑定結果に基づいてさらに後日、保険会社から請求書などの書類が送られてきます。必要事項を記入し、送り返すと、支払われる保険金の金額が連絡されます。それで納得できれば、保険金が支払われます。最後に支払金額の明細書が届きますので、間違いないか、チェックしましょう。

　保険金は被保険者の口座に支払われるのが原則ですが、住宅金融支援機構から住宅ローンの融資を受けて、まだ返済中の人については、住宅金融支援機構に支払われ、ローンの返済に充てることができます。

## 地震保険の請求

　地震に遭った直後は、保険金のことを考える余裕などないかもしれません。しかし、保険金は契約者が請求して初めて支払いの手続きが開始されるものです。これは、大きな損害が生じたことをだれでも知っているような大地震においても同様なので注意してください。

　たいていの保険会社では、保険金の請求の窓口としてフリーダイヤルを用意しています。最近は24時間365日対応のところも多いので、できるだけ早く連絡を取って保険金の支払いを受けるとよいでしょう。証券が見つからないなどの理由で連絡をちゅうちょする人もいるようですが、保険会社と契約者の情報さえわかっていれば、ほとんどの場合保険金を受け取ることができますので、とにかく連絡してみてください。また、被災後、契約が切れてしまっていても、被災した日が契約期間内であれば保険金を受け取ることができます。なお、地震保険の保険金の請求期限は被災した日から3年以内とされています。

## 地震保険に加入していなくても見舞金がもらえることもある

　火災保険のみに加入している場合、地震による家屋の倒壊や焼失、については、保険金を受け取ることができません。ただ、加入している火災保険によっては、「見舞金」などの名目で少額ながら支払いを受けることができるものもあります。また、全労済やCOOP共済などには、「自然災害保証付火災共済」というプランが用意されています。これは、通常の火災共済に自然災害共済をプラスするというもので、掛金はその分、火災共済よりも高くなりますが、損害の割合によってある程度の共済金を受け取ることができます。

　このように、たとえ地震保険に加入していなくても、保険会社や共済組合から、いくらかのお金を受け取れる可能性はあります。損害を受けたときには、わずかのお金も貴重になりますので、まずは保険証券や約款などをよく確認しておくべきでしょう。

## 15 傷害保険にはどんな特徴があるのか

**急激かつ偶然な外来の事故で被った傷害を補償**

### どんな傷害が補償されるのか

**傷害保険**は生命保険と同じく「物」ではなく「人」を対象としており、事故による傷害（ケガ）を補償する保険です。生命保険が人の生死を対象にしているのに対して、傷害保険は「急激」「偶然」「外来」3つの条件を満たす事故によって通院や入院をすることになった場合に保険金が支払われます。

1つめの条件の**急激**とは、「原因となった事故」から「結果としてのケガ」までの過程に時間的な間隔がないということです。いわば「突発的な事故」です。したがって、日焼けや靴ずれ、しもやけのように、長期間を経て発症した職業病は補償対象にはなりません。

2つめの条件の**偶然**とは、保険加入者にとって「予知できないこと」を指します。「原因の発生が偶然である」「結果の発生が偶然である」「原因・結果とも偶然である」のいずれかに該当する事故のことです。

たとえば、ジョギング中に石につまずいて転倒し、足を捻挫した場合や、道路を歩行中に植木鉢が落下してきて頭に当たってケガをした場合がそうです。しかし、自分からケンカをしかけて、逆に殴られてケガをした場合には補償されません。負傷することがある程度予測され、「必然性がある」と解釈されるからです。

3つめの条件の**外来**とは、ケガの原因が身体の外からの作用によることをいいます。

したがって、料理をしている最中に誤って熱湯をこぼして火傷をした場合は補償されます。ただし、脳内出血を起こして転倒した際にケガをした場合は補償されません。ケガの原因が自らの病気であり、外

来性がないからです。

なお、3つの条件を満たしているものであれば、ケガのほかに「有毒ガスによる急性中毒」は補償対象となります。ただし、細菌性食中毒とウイルス性食中毒は保険金支払いの対象とはなりません。

## 傷害保険にはいろんな種類がある

傷害保険には多くの種類がありますが、カバーする範囲によって、以下のような種類に分けることができます。

① 普通傷害保険

最も代表的な傷害保険です。国内外を問わず、家庭や職場、通勤・通学途中、旅行中など日常生活におけるさまざまな事故による傷害を補償するものです。

事故で入院した場合は入院保険金、通院した場合には通院保険金が支払われます。入院保険金は事故の日から一般に180日を限度とし、「入院日数1日あたりいくら」という方式で算出されます。通院保険金の限度期間には、事故の日から90日と180日があり、入院と同じく「通院日数1日あたりいくら」という方式で算出されます。

傷害を直接の原因として死亡したときは死亡保険金、後遺障害が生じたときは後遺障害保険金が支払われます。どちらも、おおむね事故の日から180日以内に生じるケースが対象となっています。後遺障害保険金は、障害の程度に応じて保険金額の3～100％が補償されます。

近年では、「損害賠償責任」を特約として盛り込んでいる商品が増えています。誤って他人にケガをさせたり、他人のものを壊したりして賠償責任を負うことになったときに保険金が支払われるということです。

なお、普通傷害保険は加入者本人のみが有効な傷害保険ですが、特約で「家族傷害保険」に入れば対象範囲を家族まで広げることができます。保険料はその分アップします。

② 交通事故傷害保険

　国内外を問わず、交通事故による傷害を補償します。道路を歩行中または自転車での移動中の事故、乗り物に乗っているときの事故、駅構内での傷害事件なども対象となります。また、特約によって保険の範囲を家族にまで広げることもできます。1つの契約で自動的に家族全員が被保険者となり、交通事故傷害保険と同様の傷害を補償する「ファミリー交通傷害保険」と呼ばれるタイプです。近年登場したものに自転車事故による賠償、傷害、通院保険金を特約で補償する「自転車総合保険」もあります。

③ 国内旅行・海外旅行傷害保険

　どちらも旅行を目的に家を出発してから帰宅するまでに被った傷害事故や賠償責任事故を補償する保険です。また、特約により、旅行中に携行品（所有またはレンタルして携行するカメラ、カバン、衣類など）が盗難・破損・火事などによって損害（携行品損害）を受けた場合も補償されます。現金、小切手、クレジットカードなどの盗難や破

■ おもな傷害保険の種類

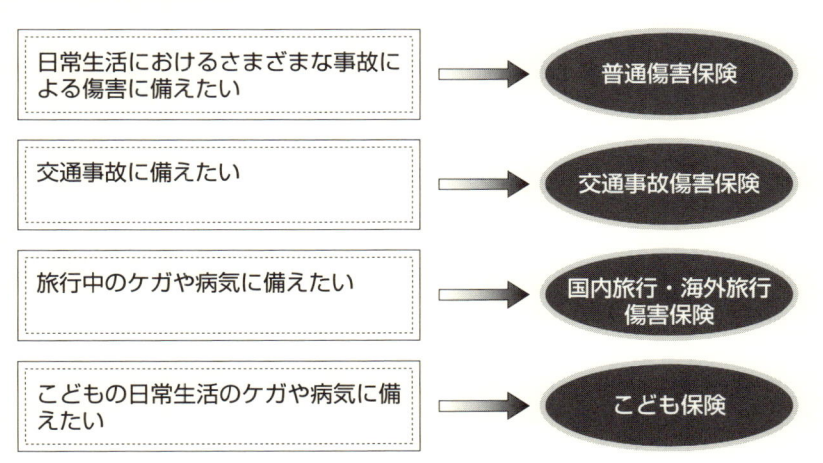

| 備えたいこと | 保険の種類 |
|---|---|
| 日常生活におけるさまざまな事故による傷害に備えたい | 普通傷害保険 |
| 交通事故に備えたい | 交通事故傷害保険 |
| 旅行中のケガや病気に備えたい | 国内旅行・海外旅行傷害保険 |
| こどもの日常生活のケガや病気に備えたい | こども保険 |

損は補償の対象外です。

国内旅行傷害保険では、旅行中の交通事故やスポーツ中の事故で被ったケガなども補償されます。また、細菌性の食中毒など普通傷害保険にはない部分も補償対象となっています。

海外旅行傷害保険では、特約により病気の治療費、病気による死亡、賠償責任、家族が見舞いに赴くための費用なども補償されます。海外では一般に医療費が日本と比べ非常に高く、たとえばアメリカでは救急車を利用するだけで高額な料金を請求されます。そういったリスクにも備えることができます。また、旅行行程中の事故であればその場所が国内であっても補償対象となります。

なお、国内旅行傷害保険・海外旅行傷害保険とも「仕事での出張」の場合でも使えます。

④　傷害総合保険

「普通傷害保険」の補償範囲に加え、日常生活におけるほとんどの事故による傷害を総合的に補償する保険です。

たとえば、オプションとして、ケガだけでなく病気も補償するタイプや家財の損害も補償するタイプ、借家人賠償責任がつくタイプもあります。また、傷害事故によって介護が必要になった場合に終身補償する介護保険金や、犯罪被害で死亡した場合に精神的損害などを補償する被害補償金などもあります。

## レジャーやスポーツの事故に備える傷害保険もある

ゴルフやスキー、スノーボード、キャンプやトレッキングなど特定のレジャー・スポーツ中に事故によってケガをした場合や、誤って他人を傷つけたり、他人の持ち物に損害を与え、賠償責任を負った場合に備える保険です。

また、特定のスポーツに限り用品紛失補償がつきます。ゴルフのクラブ、テニスのラケット、スノーボードのボード板など、そのスポー

ツに使用する用品を紛失したり、盗難されたりした場合に保険金が支払われます。

なお、保険会社によっては、国内・海外旅行をレジャーと定義し、国内旅行傷害保険・海外旅行傷害保険とあわせて「レジャー保険」と区分しているところもあります。

レジャー保険の対象となるレジャーは、ゴルフ、スキー、スノーボード、スケートなどです。スポーツ保険の対象となるスポーツは、サッカー、バスケットボール、バレーボール、テニス、水泳、登山、ハングライダーなどです（保険会社によっては対象とならないスポーツ、レジャーもあります）。

## 女性や子供限定の保険

おもに働く女性のみを対象とした傷害保険も数多く登場しています。国内外での傷害事故、賠償責任、携行品損害などに備えるもののほかに、特約でホームヘルパーの雇入れ費用を補償する保険や、ストーカー対策にかかる費用を補償する商品もあります。

近年増えてきた**積立女性保険**では、満期時に所定の満期返戻金が支払われます。また、保険期間の中途で所定の返戻金が支払われる契約方法もあります（86ページ）。

子供を対象とした保険の代表がこども**総合保険**です。満23歳未満を被保険者とし、国内外を問わず、家庭内、学校、通学途中などに起こるすべての事故による傷害を補償します。また、扶養者が事故によって後遺症を被ったり、死亡したりした際の育英資金、日常生活における賠償責任も補償します。

これらのほかにも、海外の高校や大学へ留学する学生を対象とした**留学保険**があります。留学中の傷害死亡、後遺障害、疾病死亡、賠償責任、携行品賠償、救援者費用などが補償されます。

## 海外旅行傷害保険は年齢制限も

　傷害保険は年齢や健康状態によって保険料が変わることはほとんどありません。おもな対象がケガなので、年齢や健康状態に影響されないからです。つまり、基本的に年齢制限がないということです。

　しかし、海外旅行傷害保険には、保険会社によって70歳までしか加入できないものや、69歳以下と70歳以上では保険料が変わる商品があります。これは高齢になればなるほど海外旅行が身体の負担になり、事故によるケガを負いやすくなるというリスクを考慮した設定です。

## 自然災害に傷害保険は利用できるのか

　地震など、自然災害による傷害では、傷害保険は利用できないのが原則です。東日本大震災でも、傷害保険による保険金の受取はできません。傷害保険は、そもそも、日常生活のなかで起こるケガに備えるための商品だからです。したがって、契約約款にも非日常的な災害によるケガは補償しないと書かれているのが普通です。

　ただ、ごく一部の傷害保険に特約として自然災害によるケガを補償してもらえる商品があります。特約は**天災危険担保特約**と言います。

　傷害保険は、火災保険や自動車保険などにも特約やセットでついている場合がありますので、保険料が安くても、傷害保険に加入する必要は低いかもしれません。特に大きなケガをする恐れのある自然災害による補償は受けられないのですから、保険料を払うお金があったら、貯蓄に回したほうがよいかもしれません。

# 16 個人賠償責任保険にはどんな特徴があるのか

## 損害賠償責任をまかなうための保険

### どんな事故に備える保険なのか

　日常生活の中で偶然の事故で他人にケガを負わせたり、他人のものを壊したりして、法律上の損害賠償責任を負うことになった場合、被害者に支払う損害賠額をまかなうための保険が**個人賠償責任保険**です。具体的には、以下のようなケースが補償対象となります。

・マンションの洗濯機の排水ホースが外れて水もれが発生し、階下の住人に損害を与えた。
・垣根が突然崩れ、隣家の建物を壊した。
・子供が遊んでいて、他人の家のガラスを割った。
・スキーの最中に誤って他人にぶつかり、ケガをさせてしまった。
・飼い犬が他人にかみついてケガをさせてしまった。

　個人賠償責任保険は一般に保険料が安い割に補償範囲が幅広く、かつ高額の損害賠償を補償するため、身近なリスクに備える有効な損害保険といえます。

### 補償が重複しているケースも

　個人賠償責任保険は、家族の誰か一人が加入していれば、家族全員がほぼカバーできます。そのため、夫婦両方とも加入しているような場合、どちらかがムダになってしまいます。
　加入する場合は、単独で加入するより、傷害保険や自動車保険、火災保険などに**個人賠償責任特約**として付帯するケースが増えています。しかし、商品によっては特約ではなく、あらかじめ組み込まれているものもあります。それを確かめずに個人賠償責任保険に入ると重複し

てしまうので注意が必要です。

## 保険金が出ないケースは

　個人賠償責任保険が適用されるのは、あくまでも他人に損害を与えた「偶然に起きた事故」の結果、生じた損害賠償です。したがって故意に他人を傷つけたり、故意にものを壊したりした場合や、他人への名誉棄損の損害賠償の支払いなどは対象外です。

　また、地震・噴火・津波などの天災による事故、職務上の事故のほか、職務のために提供される動産、不動産の所有・使用・管理などにまつわる損害賠償責任、他人から借りているものに対する損害賠償責任についても補償されません。

　具体的には、以下のようなケースは補償対象外です。

・友人や親族から借りていたものを壊してしまった場合や、レンタルビデオ店から借りたビデオを傷つけてしまった場合（借りものは対象外）。
・借家の壁を誤って傷つけてしまった（家が借家なので対象外）。
・仕事で商品を運搬中に誤って壊してしまった（職務遂行中なので対象外）。
・経営している飲食店で、誤ってお客様に火傷させてしまった（職務遂行中なので対象外）。
・店の看板が落ちてきて、通行人にケガをさせてしまった（職務のために供する動産・不動産に起因するものは対象外）。

## その他の「賠償責任保険」

　前述した保険金が出ないケースには、それぞれに対応できる保険があります。

　他人から借りているものに対する損害賠償責任には**受託者賠償責任保険**で対応できます。この保険に加入していれば、他人から借りたも

のを壊したり、紛失したり、盗まれたりした場合の賠償責任について保険金が支払われます。

大家さんに対する損害賠償責任に対しては**借家人賠償責任保険**（59ページ）で対応できます。物件や設備の破損だけでなく、出火のリスクにも対応します。また、住居として借りている物件だけでなく、店舗として借りている物件に対しても保険金は支払われます。

自分の店舗で発生した損害賠償責任に対しては**店舗賠償責任保険**で対応できます。飲食店、小売店などが製造・販売した商品の欠陥により、お客様にケガをさせたり、お客様の持ち物を壊したりした場合の賠償責任について保険金が支払われます。

飲食店では、食中毒を起こしてしまった場合や、食中毒により営業停止となった期間中の営業利益にも適用されます。

## 事業者向けの賠償責任保険にはどのようなものがあるのか

事業規模が大きく、法人や団体で運営している場合には、個人向けの賠償責任保険ではなく、以下のような事業者向け賠償責任保険を選ぶことになります。

・**施設賠償責任保険**

建物・設備・場所などの設備を所有・使用・管理している事業者が加入する保険で、施設の構造上の欠陥や管理の不備による事故が生じた場合に支払われます。

・**生産物賠償責任保険（PL保険）**

食品や商品をお客様に引き渡した後に、これらの製品の欠陥によって事故が起こった場合に支払われます。

・**請負業者賠償責任保険**

建設工事・土木工事などの工事請負業者や清掃業者などが請負作業の遂行中に起こした事故や、作業のために所有・管理している施設の欠陥や管理不備による事故が生じた場合に支払われます。

# 17 積立型の損害保険にはどんな特徴があるのか

**一定期間後にお金が戻ってくる貯蓄機能をもつ**

## どんな保険商品があるのか

　一定期間後にお金が戻ってくる貯蓄機能をもった積立型の損害保険があります。傷害保険、火災保険、自動車保険など多くの分野で広まっています。

　最大の特徴は、保険期間の満期時に元本に利息を加えた金額が契約者に戻ってくることです。保険料は「補償保険料」（掛け捨て部分）と「積立保険料」から構成されており、掛け捨てがある分、保険料総額よりも受け取る満期金のほうが少なくなります。

　通常の損害保険の保険期間は、毎年更改する１年ものが一般的ですが、積立型の保険期間は３〜20年、もしくはそれ以上の長期にわたることもあります。

　積立型保険は分野別にいくつかの種類があります。傷害保険をベースにしたものには、普通傷害保険タイプ、年金タイプ、交通傷害タイプのほかに、「こども総合保険」や「積立女性保険」のように対象別の積立保険もあります。火災保険がベースになっているものには長期総合保険、自動車保険がベースになっているものには積立型自動車保険があります。

## 満期返戻金のタイミングはさまざま

　満期返戻金を受け取る時期は、保険会社の商品によって異なります。保険期間終了時にまとめて受け取るタイプのほか「５年ごと」という商品もあります。また、保険期間の中途で所定の返戻金が支払われる契約方法もあります。

さらに、保険期間中の中途に資金を手にしたい人のために、積立保険料部分を担保にして、保険会社が契約者に一定限度まで必要資金を貸し付ける制度もあります。この場合、契約者は保険契約を継続することが可能です。

### 満期金を「年金型式」で受け取る年金払積立傷害保険

積立型損害保険のうち、満期返戻金を年金型式で少しずつ受け取るのが**年金払積立傷害保険**です。生命保険会社が販売している個人年金保険に似た保険といえます。

給付金の受け取り方法には、5～20年の範囲で、1年ごとに受取り期間を設定する確定型と、受け取り期間を15年や20年などに設定する保証期間付有期型があります。確定型では加入者の生死に関係なく給付金が支払われますが、保証期間付有期型ではその保証期間が過ぎた後に加入者が死亡した場合、その後の給付金は支払われません。

年金払積立傷害保険は「個人年金にケガの補償がついている」と捉えることもできるため、保険料と年金受取り金額が同じであれば、個人年金よりも年金払積立傷害保険のほうが手厚い保障を受けることができるといえます。

■ 積立型傷害保険の補償

積立型では、通常の傷害保険の補償に加えて満期返戻金や年金などを受け取ることができる

| 満期返戻金、年金、一時金 | 積立型としての補償 |
| 死亡保険金・入院保険金・通院保険金など | 傷害保険としての補償 |

# 18 自賠責保険とはどのような保険なのか

人身事故の場合だけ保険金が支払われる

### ■ 自賠責保険は強制保険である

　わが国の自動車保険は、加入が強制されている**自動車損害賠償責任保険**（強制保険）と、加入が強制されていない任意保険の2本立てになっています。強制保険は、その名のとおり法律で加入が義務づけられている保険です。これに対して、強制保険でカバーしきれない部分の損害賠償金を補うのが**任意保険**です。任意保険には、運転車家族限定特約などの特約を追加することができます。

　事故の被害者は加害者から損害賠償を受けることになるわけですが、もし、自動車保険に入っていなければ、加害者がまったく資力のない人であった場合、被害者が救われません。

　そこで、強制的に保険に加入させることによって、最低限の補償を確保し、被害者の保護を図ろうとする制度が**強制保険**です。被害者保護という制度の趣旨のため、人身損害についてだけ保険金が支給されます。物損についての保険金の支給はありません。

　自賠責保険の代わりに、農協、全労災などの自賠責共済に加入することもできます。自賠責保険に加入していない自動車（無保険車）は公道を走ることができません。これに違反して運転すると、1年以下の懲役または50万円以下の罰金が科されます。強制保険と呼ばれるのはそのためです。

　人身損害については、傷害による損害（死亡に至るまでの傷害による損害も同じ）で120万円、死亡による損害で3000万円が自賠責保険からの支払限度額とされています。

　後遺障害が残った場合については、14級から1級まで等級が定めら

れており、損害の程度によって支払限度額が定められています。支払限度額は、一定の障害に該当し、介護を要する後遺障害の場合は4000万円、それ以外の場合は3000万円、がそれぞれ限度額となっています。

傷害事故で賠償額が120万円を超える場合は、加害者が任意保険に加入していれば、超える額について任意保険から補てんを受けることができます。

### 自賠責保険は加害者が請求するのが原則

自賠責保険は、本来は、被害者が受けた損害そのものを補うものではなく、被害者に対して損害賠償責任を負うことによって自動車の保

■ 自動車保険の種類

```
自動車保険
├─ 強制保険(自賠責保険) ──政府補償事業による補償── 他人の身体に対する
│                                                    ①傷害 ②死亡
│                                                    ③後遺症について補償
└─ 任意保険
    ├─ 他人のための補償
    │   ├─ 身体について → 対人賠償責任保険
    │   └─ 物について → 対物賠償責任保険
    └─ 自分のための補償
        ├─ 身体について → ①搭乗者傷害保険
        │                ②人身傷害補償保険
        │                ③自損事故保険
        │                ④無保険者傷害保険
        └─ 物について → 車両保険
```

有者と運転者（つまり加害者）が受けた損害を補うものです。

　保有者や運転者は、損害賠償額について自分が被害者に対して支払いをした額の限度において、保険会社に対して保険金の支払いを請求することができます（加害者請求、96ページ）。支払われた保険金が被害者に支払われずに他に流用されることを防ぐため、まずは加害者が損害賠償金を被害者に支払うのが原則になっているのです。

### 健康保険を使って治療を受けることもできる

　交通事故で負傷し、病院などで治療を受ける場合、最初の診察のときに事故によるケガである旨を告げると、病院側では保険会社からの支払いがあることを予想して、保険証を使わずに治療してくれます。その後、病院から保険会社に対して治療費を請求することになります。事故後に救急車で病院に運ばれ、そのまま入院した場合には、はじめから事故であることがわかっていますから、入院中の治療費や手術代については病院側から直接相手の保険会社に請求する場合もあります。

　入院が長引いた場合には、病院では月ごとに治療費や入院代を保険会社に請求します。

　ただ、ケガが軽い場合はとりあえず自分の保険証を使って治療費を支払い、示談が成立してから払った治療費を含めて損害賠償を受けるという方法でもよいでしょう。

　交通事故で負傷を負い、病院などで治療を受ける場合、自動車の自賠責保険、健康保険（自営業者の場合には国民健康保険）、労災保険の３つの保険を使うことが可能です。交通事故によって負傷した場合、健康保険や国民健康保険が使えないと思っている人が多いようですが、事故の場合であっても健康保険は使えますので覚えておいてください。また、仕事中または通勤途中に事故にあった場合は、労災保険を使って治療や入院をすることができます。業務外の事故であれば健康保険、業務中・通勤中の事故であれば労災保険を利用することになります。

## 19 健康保険や労災保険を上手に活用しよう

**必要書類をそろえて協会けんぽや健康保険組合に提出する**

### 健康保険を使ったほうがよい場合もある

　事故による負傷については健康保険を使うことができます。健康保険を使ったほうが、結果的に自己負担が少なくてすむ場合もあります。
　かすり傷程度の軽傷で入院の必要もなく、1回の診察で終わるような場合であれば、健康保険を使わずに自費で支払い、後日、立て替えた診療費を加害者に対して請求するというのでもよいでしょう。しかし、入院した場合などにはかなりの治療費がかかりますので、自己負担で立て替えておくことは経済的に相当な負担になります。
　また、交通事故の後遺症はすぐには症状が表れず、むち打ち症などについては、何年も経ってから自覚症状が出るということもあります。そのため、外見上、何ら変わったところがない場合であっても、必ず医師の診断を受けるようにしましょう。その上で、医師の判断を仰ぎ、健康保険を使うかどうか決めるという方法もあります。
　自分にも過失があり、過失相殺（113ページ）されることが予想されるのであれば、相殺される部分の治療費については、最終的には自己負担になるわけですから、最初から健康保険を使うほうが有利な場合もあります。自賠責保険では、交通事故による負傷について120万円まで賠償してもらえますので、一般的には、限度額いっぱいまでを治療費にあて、120万円を超える部分の金額について健康保険を使っているようです。

### 健康保険には高額療養費の制度がある

　健康保険（国民健康保険を含む）には、同一の月に支払った医療費

が一定額を超えた場合に、申請によってその超えた部分の金額が支給されるという制度があります。この制度を高額療養費といいます(173ページ)。具体的には、70歳未満の人の場合には、次の算式で算出された金額を超える部分が戻ってくることになります。

> 80,100円＋（医療費－267,000円）×0.01＝自己負担限度額

たとえば、入院治療をして100万円かかったとします。この場合、健康保険の自己負担割合は3割ですから、医療機関の窓口で支払うのは30万円です。この30万円を基準として一定額が高額療養費として戻ってくるわけです。このケースの自己負担限度額は、
　80,100円＋（1,000,000円－267,000円）×0.01＝87,430円
となります。したがって支払った30万円との差額である
　300,000円－87,430円＝212,570円
が高額療養費として戻ってきます。ただ、所得が多い人や、逆に少ない人については別の計算式になります。

　また、世帯で合算して計算することができる場合もあります（174ページ）ので、もっと詳しく知りたい場合は、全国健康保険協会や健康保険組合に確認してみてください。

　交通事故による負傷について健康保険を使う場合の手続きについては、①第三者の行為による傷病届、②事故発生状況報告書、③念書の3つの書類に、④交通事故証明書と⑤示談書（示談が成立している場合）を添えて全国健康保険協会の都道府県支部または健康保険組合に提出します。これによって、通常の病気やケガの場合と同じように医療機関で入院や診療をうけることができます。

## ■ 業務中や通勤途上の事故については必ず労災保険を利用する

　業務中や通勤途上に交通事故の被害に遭った場合には、労災保険

（220ページ）の給付を受けることができます。交通事故は第三者行為災害ですから、「第三者行為災害届」（239〜242ページ）を労働基準監督署に提出して給付を請求します。

　労災保険と自賠責保険の両方が使える場合であっても、同時に利用することはできません。そこで、労災保険の保険金のほうが先に支払われた場合は、自賠責保険からの賠償金は受けられないことになっています。また、逆に自賠責保険の支給のほうが先であった場合は、労災保険の支給がその分停止されます。このような支給調整が行われるのは、被害者といっても、損害の補てん（埋め合わせ）を二重に受けることは公平とはいえないからです。

　傷害で済んだ場合ですが、労災保険の指定する医師の診察を受ければ治療費は無料で、その他の医師の場合は治療費が支給されます。さらに、仕事を休むことによって収入が減った分については、平均賃金（負傷または死亡した労働者の負傷または死亡当時の賃金）の80％が支払われます。たとえば、業務中の事故で負傷して、1か月間入院した場合であれば、1か月分の平均賃金相当額の約8割（正確にいうと、8割のうち2割の部分は労働福祉事業団から特別支給金として支給される）の保険金が支給されます。

　また、治療が長引いた場合は、その程度に応じて休業補償に代えて傷病補償年金が支払われます。また、後遺傷害についてもその程度にしたがって、年金又は一時金が支給されます。

　不幸なことに、死亡に至った場合は、遺族に対して、労災法の保険金（遺族補償年金）が支給されます。葬祭料も給付されます。

　ただし、被害者が労災保険の給付を受けることができたとしても、加害者の負担が軽減されるわけではありません。労災保険の保険金の分は後に国から加害者に請求されることになります。

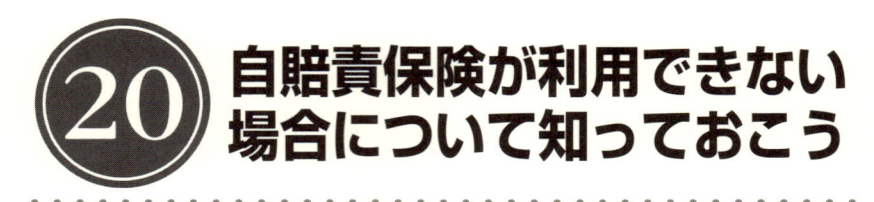

# 20 自賠責保険が利用できない場合について知っておこう

> 政府に対して補償金を請求できる場合もある

## ■ 常に自賠責が下りるわけではない

　たとえば、車両同士の交通事故の場合で、どちらかの車の同乗者が死亡した場合を考えてみましょう。この場合、被害者の遺族は、被害者が死亡当時に同乗していた車の運転者（または所有者などの運行供用者）から損害賠償を受けることができます。それと同時に、事故の相手方の車両の運転者側からも損害賠償を受けることができます。

　ただ、自動車損害賠償責任保険（自賠責）は、自動車を運転していた者に自賠責法3条の運行供用者責任（141ページ）が認められる制度です。そのため、たとえば、盗んだ車で事故を起こした場合などには、第三者に運転を容認していたとは認められないため、原則として、車の所有者には運行供用者責任が発生せず、保険金が支給されません。ただ、キーをつけたまま路上に車を停車していて盗難にあった場合のように所有者に車の管理上の問題があった場合は、車の所有者に運行供用者責任が発生することが、判例で認められていますので自動車の管理には注意しなければなりません。

## ■ 自動車損害賠償保障事業とは何か

　自賠責制度を補完する各種の社会保険制度によっても救済されない被害者のために、最終的な救済制度として、**自動車損害賠償保障事業**（政府保障事業）があります。

　政府保障事業の対象となるケースのうち、重要なものは被害者が請求主体となる①ひき逃げのケース、②自賠責保険の無保険車のケース、③泥棒運転で保有者に運行供用者責任が生じないケースの3つです。

このようなケースでは、被害者は自賠責保険を扱っている保険会社（どこでもよい）を窓口にして政府に対して補償金を請求できます。

請求はどの保険会社にしてもかまいません。請求書が提出されますと保険会社から国に通知が行き、支払いのための手続きがなされます。労災保険・健保・国保の給付を受けた残りの損害額についてだけ請求することができます。給付金は、強制保険と同じで、傷害事故で上限が120万円（死亡事故は3000万円）です。給付金がおりるまでには、1年以上かかることもあります。ただし、一般の裁判と同様に過失相殺（113ページ）されますし、親族間事故については原則として救済を行わない取扱いとなっています。また、請求できるのは被害者だけで加害者による請求は認められていません。

なお、政府保障事業についての請求権の消滅時効は、事故発生日（後遺障害は症状固定日、死亡は死亡日）から3年（平成22年3月31日以前に発生した事故については2年）です。

■ 自賠責保険と政府保障事業の違い

| | 自賠責保険 | 政府保障事業 |
|---|---|---|
| 保険金請求から支払までの期間 | 短い（平均1か月） | 長い（平均5か月） |
| 好意同乗・無償同乗の場合の減額 | 減額しない | 無償同乗の場合の慰謝料は30～40％減額 |
| 親族間の事故の場合の保険金支給 | 支給される | 支給されない |
| 治療費の扱い | 実費支給。自由診療も認められる | 自由診療は認められない。また、健康保険の点数に換算して支払われる |
| 複数車両の事故 | それぞれの車両から保険金の支払を受けることができる | 1台の車両分の保障だけ |
| 過失があった場合の減額 | 重大な過失があった場合にだけ減額 | 過失があれば減額 |

## 21 自賠責保険の請求方法を知っておこう

仮渡金や内払金の請求方法についても知っておく

### 加害者請求と被害者請求がある

　自賠責保険の支払を請求できるのは原則として、保険に加入している本人（加害者）です。これを**加害者請求**といいます。これに対して、たとえば、事故の過失割合について当事者間に争いがある場合や加害者が任意保険に加入していなかった場合には加害者が損害賠償金を支払ってくれないこともあります。このような場合には被害者のほうから加害者の保険会社に対して損害賠償金の支払いを請求することができます。これを**被害者請求**といいます。

　被害者請求には、仮渡金請求と本請求の２つの請求方法があります。仮渡金請求は、示談成立前の損害賠償額が確定していない段階で、被害者が請求できるもので、本請求が実際に被った損害額をもとにして請求するものです。自賠責保険で支給される保険金は、損害賠償額として最低限の補償額であり、支給額の上限が決まっています。たとえば、後遺症が残った場合は最高3000万円（被害者に介護が必要になった場合などの一定の場合は4000万円）、負傷の場合は120万円などとなっています。

　なお、かつては、休業損害や治療費などの賠償金の支払を、加害者及び被害者が10万円単位で請求できる内払金請求というのも認められていましたが、平成20年10月に廃止されています。

### 被害者請求をする前に相手の保険会社を確認する

　自賠責保険（強制保険）の被害者請求をするにあたっては、まず、加害者の加入している保険会社を調べる必要があります。加害者に自

賠責保険の保険証を見せてもらって確認するのがもっとも確実な方法です。

自動車保険の車検証と自賠責保険の保険証券は一緒にして車内に置いている人も多いようですから、そのような場合は、車検証と保険証券をコピーさせてもらうようにします。

もし、加害者が加入している保険会社がわからない場合は、「交通事故証明書」で確認するとよいでしょう。事故証明書は自動車安全運転センターで発行してもらう証明書で、事故があった事実や状況を公的に証明してくれるものです。事故証明書には加害者が加入している

■ 自賠責保険金額請求のしくみ

**加害者請求**

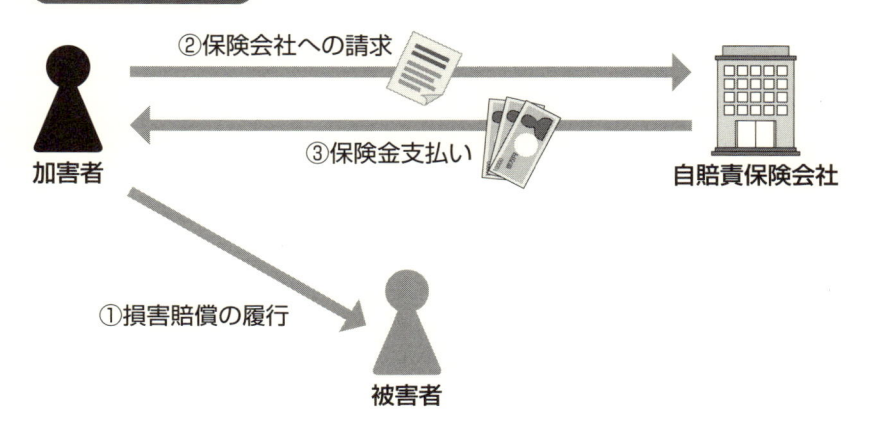

- ①損害賠償の履行（加害者→被害者）
- ②保険会社への請求（加害者→自賠責保険会社）
- ③保険金支払い（自賠責保険会社→加害者）

**被害者請求**

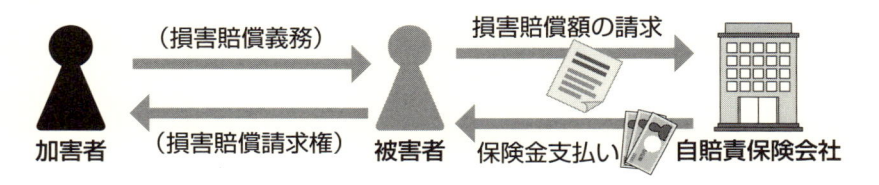

- （損害賠償義務）（加害者→被害者）
- （損害賠償請求権）（被害者→加害者）
- 損害賠償額の請求（被害者→自賠責保険会社）
- 保険金支払い（自賠責保険会社→被害者）

自賠責保険の損害保険会社名も記載してあります。
　事故証明書の交付申請書用紙は警察や損害保険会社に置いてあります。交付申請書をもらってきたら、必要事項を記載して郵送で自動車安全運転センターに申し込みます。その際、事故証明書1通につき発行手数料（540円）払込料金（126円）が必要です。

### 被害者が生命保険などに加入している場合

　事故の被害者は加害者に対して、損害賠償を請求することができますが、自分が加入している保険や共済などから保険金が支給されるものがあれば、そちらの支給手続きもしておくとよいでしょう。生命保険では特約で交通事故でも支給されるものがありますから、自分が入っている保険をしっかり確認する必要があります。また、現在では、死亡事故の場合に保険金が上乗せで支給される保険が一般的です。

### 仮渡金を請求する場合

　交通事故で負傷して入院した場合に、症状によっては入院期間が長期になることもあります。この間、収入がなかったり、あっても十分でなかったりすると、被害者側の生活としては苦しくなってしまいます。加害者がその間の損害賠償額を支払ってくれるようであればよいのですが、加害者としては損害額が確定していない時点では、損害賠償の支払いはしないのが一般的です。
　このような場合、自賠責保険の**仮渡金の制度**を利用するとよいでしょう。この制度は損害賠償金の一部を先渡ししてくれる制度です。
　死亡または一定程度の負傷をしたことの証明書があれば、損害賠償責任や損害額が確定していなくても、死亡した者につき290万円、傷害を受けた者につき5万円～40万円の仮渡金の支払いを受けることができます。請求手続きは被害者請求と同じです。請求後、1週間程度で仮渡金を受け取ることができます。

## 22 強制保険の請求に必要な書類を見てみよう

> 事故証明や診断書などは時間がかかるので早めにもらう

### どんな書類が必要なのか

自賠責保険(強制保険)の保険金を請求するときに提出しなければならない書類とそれぞれの書類の記入上のポイントについて、見ていきましょう。被害者請求の場合は、書類さえそろえば手続きはわりと簡単です。

① **自動車損害賠償責任保険支払請求書**(102ページ)

ⓐ加害者が保険金を請求するとき、ⓑ被害者が損害賠償額または仮渡金を請求するとき、のいずれの場合も使用します。請求書の題字の部分は、必要にあわせて○で囲みます。請求書で使用する印鑑はすべて実印です。あわせて本人確認のため、印鑑証明書を提出します。

請求額の欄は、この請求書を出す時点で請求金額がわからないときは空欄のままでかまいません。保有者(所有者・使用者)の欄は、車両の所有者(使用者)と保険契約者が同一の場合は、保険契約者の氏名を記入します。借りた車両で事故を起こした場合は、借りた人つまり事故を起こした本人の氏名を記入します。

なお、車両の所有者と契約者が同じで加害者が保険金を請求する場合と、被害者が損害賠償を請求する場合は記入する必要がありません。

支払指図欄には、保険会社から受け取る保険金または損害賠償額を振り込んでもらう場所を記入します。具体的には金融機関の口座を記入することになります。

なお、保険金などを小切手で受け取ることもできますが、一般的には、利便がよく安全な口座振込みが利用されています。口座番号などに間違いがないように正確に記入する必要があります。

② **交通事故証明書・交通事故発生届**（103ページ）

　交通事故証明書は自動車安全運転センターに交付申請します。

　自動車安全運転センターの事務所が近くにある場合は、交通事故証明書交付申請書に必要事項を記入して直接持参し、その場で発行してもらうことが可能です。交通事故証明書交付申請書は自動車安全運転センター事務所の窓口に備え付けてあります。最寄りの自動車安全運転センターがない場合は、郵送で交付を受けることもできます。その場合、郵便振替申請用紙を損害保険会社、警察署、交番、農業協同組合などでもらい、必要事項を記入の上、事故証明1通につき発行手数料（540円）と払込料金（126円）を振り込みます。事故証明の郵送先は、原則として申請者の現住所ですが、それ以外のところに郵送してもらうことも可能です。

　交通事故証明書を申請することができるのは、交通事故の当事者（加害者と被害者）と証明書の交付を受けることにつき正当な権利があると認められる者だけです。

　なお、警察署へ届け出ていないといった理由で自動車安全運転センターの交通事故証明書を受け取ることができない場合には、交通事故発生届を提出します。

③ **事故発生状況報告書**（104ページ）

　事故発生状況報告書は、事故における当事者の過失の程度や修正要素を判断するために提出する書類です。交通事故証明書と矛盾が生じないように慎重に記入しなければなりません。

　損害保険会社はこの状況報告書によって、事故に至った経緯を整理し、過失割合を決めます。事故発生状況略図の欄は指定された記号を使って、事故現場の状況を詳しく図示します。事故直後に事故現場とその付近の写真を撮っておくと、交通標識や現場の周りの建物などを正確に思い出すことができるでしょう。

④ **診療報酬明細書**

事故で負ったケガを治療した病院から受け取ります。被った損害額を算出する根拠となる資料です。病院で明細書を発行してもらったら、治療の内容が記入してあるか、病院側の印がきちんと押してあるか、などを確認します。

⑤　**診断書または死体検案書**（105ページ）

　病院に申請してケガの治療にあたった医師に記入してもらいます。保険会社指定の診断書用紙がありますので、指定用紙を病院に持って行き、該当箇所に記入してくれるよう依頼します。診断書の発行までには、依頼してから1週間～10日間ほどかかることもあります。病院で診断書を受け取ったら、必要項目がすべて記入してあるかどうか確認します。とくに、入通院日数や治療期間、ケガの症状や障害の有無、付添看護をした期間は、保険金の算定に影響しますので要注意です。後遺症が残った場合は診断書の他に後遺障害診断書を提出します。

　なお、治療の甲斐なく被害者が死亡した場合、死亡診断書を発行してもらうことになります。診断書と同じように治療にあたった医師に記入してもらいます。即死の場合のように医師が治療を行っていないときは、死亡を確認した医師に死体検案書を作成してもらいます。

⑥　**休業損害証明書**

　ケガの治療やその後のリハビリのため、勤務している会社から給与などが支給されない場合または支給されても減額されて支給された場合は、その金額の詳細を勤務先から証明してもらう必要があります。

　自営業者などの場合は、前年の確定申告書の控えまたは市区町村役場で所得証明を発行してもらい、休業損害証明書に代えます。

## 書式　自動車損害賠償責任保険支払請求書

**自動車損害賠償責任保険　支払請求書兼支払指図書**

1. 保険金（加害者請求）
2. 損害賠償額（被害者請求）
3. 第（　）回内払金
4. 仮渡金

（該当番号を○で囲んでください）

保険会社受付印

平成○○年　○月　○日

貴社に対し、下記事故に係る（保険金、損害賠償額）を関係書類を添付のうえ請求します。

については（保険金、損害賠償額）は下記支払指図のとおりお支払いください。

なお銀行口座振込をもって受領したものとします。

**請求者**
- 住所：〒000-0000　東京都○○区○○町○丁目○番○号
- フリガナ／氏名：　　　　　　　　　印鑑証明の印
- 連絡先（勤め先等）：○○株式会社　（電話）03-0000-0000
- 被害者との関係：本人・親族（続柄　）・受任者・加害者側・その他（　）

| 自賠責保険証明書番号 | 00 — 000000 | | 事故年月日 | 平成○○年　○月　○日 |
|---|---|---|---|---|

**保険契約者**
- フリガナ／氏名：○○○○
- 連絡先：電話 03（0000）0000

**加害運転者**
- フリガナ／氏名：○○○○
- 連絡先：電話 03（0000）0000　保有者との関係：本人・従業員・親族（続柄　）・その他
- 職業：会社員　年令 00才　性別：男・女
- 請求額：○○○○○○円

**保有者（所有者・使用者）**
- 住所：〒000-0000　東京都○○区○○町○丁目○番○号
- フリガナ／氏名：○○○○
- 連絡先：電話 03（0000）0000
- 契約者との関係：本人・譲受人・借受人・その他（　）

**被害者**
- フリガナ／氏名：○○○○
- 連絡先：電話 03（0000）0000
- 職業：会社役員　年令 00才　性別：男・女

### 支払指図欄

| 受取人（請求者に同じ場合は記載不要） | 指定金融機関・預金口座 | 摘要 | ○○記入欄 |
|---|---|---|---|
| 〒□□□-□□□□　住所　　　　　　　氏名　　　　（　）Tel | ○○銀行／信用金庫／信用組合　○○本支店　普通・当座　口座No. 0000000　口座名義 ○○○○○（カタカナで記入） | 全額・治療費・その他 | 平成　年　月　日　¥　　　　印 |
| 〒□□□-□□□□　住所　　　　　　　氏名　　　　（　）Tel | 銀行／信用金庫／信用組合　　　　本支店　普通・当座　口座No.　口座名義（カタカナで記入） | 全額・治療費・その他 | 平成　年　月　日　¥　　　　印 |
| 〒□□□-□□□□　住所　　　　　　　氏名　　　　（　）Tel | 銀行／信用金庫／信用組合　　　　本支店　普通・当座　口座No.　口座名義（カタカナで記入） | 全額・治療費・その他 | 平成　年　月　日　¥　　　　印 |

## 書式　交通事故発生届

様式第3号

### 交通事故発生届（「交通事故証明書」が得られない場合）

| 当事者 | ① 第一当事者 (被災者) | 氏　名 | 川口　利夫　　　　　　　　　　（　31　）歳 |
|---|---|---|---|
| | | 住　所 | 品川区大井町4－4－6　　TEL　03（3678）4321 |
| | | 車両登録番号 | 　　　　　　　　自賠責保険証明書番号 |
| | ② 第二当事者 (相手方) | 氏　名 | 原　裕行　　　　　　　　　　　（　　）歳 |
| | | 住　所 | 大田区池上町4－5－6　　TEL　03（2456）7890 |
| | | 車両登録番号 | 品川300 た1234　自賠責保険証明書番号　A-1234567-9 |
| ③ 事故発生日時 | | | 平成　22 年　7 月　16 日　午前・㊍　3 時　15 分 |
| ④ 事故発生場所 | | | 新宿区東新宿1－2－3 |
| ⑤ 災害発生状況 | | | 会社の敷地内（構内）において商品搬入口付近で作業をしていたところ、後退してきた加害者の自動車に接触し転倒した。手をついた際に左手小指を骨折した。 |
| ⑥「交通事故証明書」が得られない理由 | | | ・構内において接触したため、交通事故ではないと思い、交通事故証明の申請を行わなかった。<br>・被災時にはさほど痛みがなかったため交通事故証明は不要と思った。 |
| ⑦ 第一当事者 (被災者) | | | 上記⑥の理由により、「交通事故証明書」は提出できませんが、事故発生の事実は上記①～⑤に記載したとおりです。<br>　平成　22 年　7 月　21 日　　氏　名　川口　利夫　㊞<br>　　　　　　　　　　　　　　　住　所　品川区大井町4－4－6 |
| ⑧ 目撃者 | | | 上記①～⑤に記載された事故を目撃したことを証明します。<br>　平成　　年　　月　　日<br>　　　　氏　名　　　　　　　　　㊞　TEL　（　　）<br>　　　　住　所 |
| ⑨ 第二当事者 (相手方) | | | 上記①～⑤に記載された事故により①の者に損害を与えたことを自認します。<br>　平成　22 年　7 月　20 日<br>　　　　氏　名　原　裕行　　　　㊞　TEL　03（2456）7890<br>　　　　住　所　大田区池上町4－5－6<br>　　　　事業場の名称　（株）秋吉文具<br>　　　　代表者職氏名　代表取締役　秋吉一郎　㊞ |

平成　22 年　7 月　23 日
　　労働基準監督署長　殿

　　　　　　　　　　　　届出人　氏名　川口　利夫　　　　㊞
　　　　　　　　　　　　　　　　住所　品川区大飯町4－4－6

〔注意〕
1．警察署への届出をしなかった等のために「交通事故証明書」の提出ができない場合に提出して下さい。
2．①及び②の「車両登録番号」及び「自賠責保険証明書番号」の欄には、交通事故発生時において、被災者又は第三者が乗車していた車両に関する事項を記載して下さい。
3．⑨の「事業場の名称」及び「代表者職氏名」の欄には、⑨の第三者が業務中であった場合のみ⑨の第三者の代表者の証明を受けて下さい。
4．⑦、⑧及び⑨の「氏名」の欄、⑨の「代表者職氏名」の欄及び「届出人氏名」の欄は、記名押印することに代えて、自筆による署名をすることができます。

（物品番号　6518）16.3

## 書式　事故発生状況報告書

### 事故発生状況報告書

別紙交通事故証明書に補足して下記のとおり報告いたします。

| 甲（甲車の運転者） | 氏名 | ○○　○○ | 乙（被害者） | 氏名 | ○○　○○ | （運転）・同乗　歩行・その他 | 甲　車 甲車以外の車 |

速度　甲車　60　km/h（制限速度　60　km/h），甲車以外の車　0　km/h（制限速度　60　km/h）

道路状況　見通し　（良い）／悪い　道路幅　甲車側（　12　m），甲車以外の車側（　12　m）

信号又は標識　信号　（有り）／無し　一時停止標識　（有り）／無し　その他標識

事故発生状況略図（道路幅をmで記入して下さい）

事故発生状況を図示して下さい。

記号凡例：
- 甲車（■）
- 甲車以外の車（△）
- 進行方向（↑）
- 信号（◯◯◯）
- 一時停止
- 一方通行
- 人
- 自転車
- オートバイ

上記図の説明を書いて下さい。

甲は、平成○○年○月○日午後○時○分ごろ、普通乗用自動車（車両番号○○○○○○○○）を運転して、東京都○○区○○町○丁目○番地先の交差点に差し掛かった際、前方不注視により、同交差点を赤信号で停止していた乙が運転する普通乗用自動車（車両番号○○○○○○○○）に追突し、後部バンパーおよびテールランプの一部を破損させた。

平成○○年　○月　○日

報告者　甲との関係（　　　　　）
　　　　乙との関係（**本人**）　氏名　○○○○　㊞

## 書式　診断書

# 診　断　書

| 傷病者 | 住　所 | 東京都○○区○○町○丁目○番○号 | | |
|---|---|---|---|---|
| | 氏　名 | ○　○　○　○ | (男)・女　明治・大正・(昭和) | ○○年○月○日生（00才） |

**病名及び態様**

頭部打撲、頸椎捻挫、
左上肢挫傷

**後遺障害の有無について**
（次の不要のものを抹消して下さい。なお、下記注を参照のこと）　　有り・無し・(未定)

| 入院治療 | 10　日間 | | | 平成○○年○月○日 |
| 自平成○○年○月○日　至平成○○年○月○日 | | | を要す | |
| 通院治療 | 13　日間 | （内治療実日数 12 日） | | 治療継続中 (治癒見込) 治　癒 |
| 自平成○○年○月○日　至平成○○年○月○日 | | | を要す | |

| 附添看護を | 要　す (要せず) | 理由 |
|---|---|---|
| 期間 | 自平成　年　月　日  至平成　年　月　日　　日間 | 完　全　看　護 |

上記の通り診断致します。
　　平成○○年○月○日

　　　　　　　　　　　所在地　　東京都○○区○○町○丁目○番○号
　　　　　　　　　　　名　称　　○○医院
　　　　　　　　　　　医師氏名　○　○　○　○　　　　　　㊞

注　1．後遺障害のあるものについては、確認した時点において、別に定める後遺障害診断書（損害保険会社並びに調査事務所に備付けてあります。）をご作成願います。
　　2．この診断書は自動車損害賠償責任保険の処理上必要といたしますので、なるべくこの用紙をご使用下さい。なお、この用紙と同内容のものであれば貴院の用紙を使用してもさしつかえありません。

## 23 任意保険のしくみを知っておこう

さまざまな種類の保険が用意されている

### ■ 任意保険とは

　人身事故の場合、まずは自賠責保険が支払われます。この保険金で損害額がカバーできない場合にそれを補うのが**任意保険**です。

　任意保険が自賠責保険の「上乗せ保険」といわれるのはそのためです。人身事故の被害者は、まず強制保険金を請求し、損害賠償額がこれを超えるときに任意保険金から、それでも足りない場合は加害者から支払ってもらうことになります。

　自賠責保険は、自動車の運行によって他人の生命や身体に損害を与えた場合に保険金が支払われます。これに対して、任意保険の支払自由は、他人の生命や身体に限定されていません。つまり、任意保険の支払事由は自賠責保険より広くとらえられているのです。たとえば、物損事故については、自賠責保険からは保険金が支払われませんが、任意保険では支払の対象となります。

　任意保険では**示談代行つきの自動車保険**が多く利用されています。示談代行という制度は、加害者に代わって、保険会社が被害者との示談交渉にあたってくれるというものです。第三者である保険会社が交渉にあたることによって、加害者の負担が軽減されます。

　示談代行サービスは強制保険にはない任意保険固有のサービスです。つまり、加害者の支払わなければならない賠償金が強制保険では賄いきれず、任意保険からも拠出することになった場合に保険会社・共済組合による示談代行が行われることになります。

　任意自動車保険は対人賠償保険と対物賠償保険を中心に、搭乗者傷害保険、自損事故保険、無保険車傷害保険、車両保険などによって構

成されています（89ページ）。

任意保険では以下の場合に保険金が支給されないことがあります。
① 加害者（被保険者）と被害者が一定の親族関係（父母、配偶者、子など）にある場合の事故
② 他人から預かっているものに対する賠償
③ 無免許、酒酔い運転中の事故
④ 故意・戦争・革命・内乱・地震などの天災・日本国外での事故

## 対物賠償保険が適用される場合

物損事故の場合に支給されるのが**対物賠償保険**です。では対物賠償保険の支給対象となる物損とはどんなものがあるのでしょうか。

たとえば、スピードの出しすぎでカーブを曲がりきれずに住宅に突っ込んで破壊してしまったというケースでは、損壊した住宅が物損にあたります。その他、ガードレールや電柱なども同じように物損事故の支給対象です。また、相手の自動車を破壊した場合などに自動車を修理するときにも対物賠償保険が適用されます。対物賠償保険は他人の財産に与えた損害の賠償を目的とする保険なのです。

■ 自賠責保険と任意保険の違い

| | 任意保険 | 自賠責保険 |
|---|---|---|
| 加入の仕方 | 加入は自由（任意） | 車の所有者は強制加入 |
| 補償の範囲 | 対人、対物、搭乗者、車両損害、無保険車傷害、自損などの補償 | 対人賠償についてだけ一定額まで補償（死亡の場合3000万円） |
| 補償の意味 | 自賠責で足りない分を補てんする保険 | 被害者の基本的補償の確保 |
| その他 | ①被保険者の範囲を限定して、保険料を安くできる（年齢制限や家族限定など）②自賠責保険に比べて免責事項が多い | ①任意保険に比べて免責事項が少ない ②被害者の過失相殺が制限される ③保険金の算出方法が定型化されている |

自賠責保険が、物損事故には支給されないことを考えると、対物賠償保険の保障は大切だといえます。

### ■自損事故保険とはおもに単独事故の損害をまかなう保険

**自損事故保険**とは、たとえば、電柱に衝突する単独事故などでケガや死亡した場合に支払われる保険です。その損害に対して運行供用者責任を負担する者がだれもいないことが要件です。

自損事故の場合の被保険者は、被保険車両の所有者と運転者ですが、所有者が運転していないときに事故が起きた場合であっても、自損事故保険は適用されます。

たとえば、がけ崩れや落石などによって車両が破損した場合や、建築中のビルの屋上から物が落下して車両が損壊した場合なども自損事故保険が適用されます。

### ■搭乗中に事故に遭ったら搭乗者傷害保険

**搭乗者傷害保険**は、被保険自動車の運転中に運転者や同乗者が事故でケガや死亡した場合に支払われる保険です。自損事故保険と同時に支払われる場合もあります。単に搭乗中に事故に遭った場合にはだいたい支払われると考えておいてよいでしょう。搭乗者傷害保険の被保険者は、事故に遭った車に搭乗していた者です。運転者も含みます。ただ、自損事故保険の場合と同様、暴走族の箱乗りのように、極めて異常かつ危険な方法で搭乗中の者は除かれます。

### ■無保険車傷害保険とは

**無保険車傷害保険**は、無保険自動車との事故によって、被保険者が死亡または後遺障害を負った場合に支払われる保険です。

自動車は原則として2年ごとに車検を受けなければならず、自賠責保険に加入していない車両は車検を受けることができません。しかし、

中には車検を受けなければならない期間を過ぎているにもかかわらず、車検を受けていない車両もあります。このような車両は自賠責にも加入していないわけです。

車検を受けていない車両、つまり、自賠責保険に加入していない車が事故を起こした場合、被害者は加害者本人に対して損害賠償を請求することになります。しかし、加害者に資力がない場合や、破産してしまった場合などには、結局、被害者は十分な損害賠償を受けることができないことになってしまいます。そこで、自賠責保険に加入していない車両、または自賠責保険には加入しているが任意保険には加入しておらず自賠責保険だけでは十分な補償が受けられないという事態を想定して、このような場合に補償してくれる無保険者傷害保険という保険が生まれました。無保険者傷害保険は車対車の事故で相手方が無保険車の場合に相手の支払うべき損害賠償額を相手に代わって支払ってくれる保険なのです。

## 自賠責保険だけではなく任意保険で支払ってもらいたい

交通事故で傷害を負った場合、自賠責保険の保険金額は120万円が限度額です。治療が長引くなどして、費用がかさみそうな場合には、任意保険の保険会社と示談交渉を早急に進めることが大切です。

本格的な訴訟になるようなケースでは、裁判所に仮処分の申立てをして、相手に当面の費用を支払ってもらうようにします。具体的手続については、弁護士などの専門家に相談するとよいでしょう。仮処分命令が下ると、保険会社も支払わざるを得なくなります。

なお、多少なりとも被害者に過失が認められる場合は、健康保険を使用しましょう。過失割合による自己の負担金額が減少するからです。

## 任意保険でも被害者請求ができる

自賠責保険では加害者が賠償金を支払ってくれない場合、被害者の

側で加害者の加入している保険会社に賠償金の支払いを請求するという被害者請求が認められていましたが（96ページ）、任意保険の場合も同じように被害者請求ができます。対人事故だけでなく、対物の事故についても被害者請求が認められています。

　ただし任意保険において被害者請求が認められるためには、加害者が特定の種類の保険に加入している場合で、次のいずれかの事情があることが必要になります。

① 事故の加害者と被害者の間で示談が成立した場合（裁判の判決または和解による調停が成立した場合を含む）
② 加害者（または相続人）が破産したときまたは行方不明のとき
③ 保険会社から賠償金の支払いを受け、それ以上請求をしない旨の書面を取り交わした場合
④ 損害の総額が保険金の限度額を超えることが明らかな場合

■ **任意保険の保険料を安くするためのポイント**

| | |
|---|---|
| 年　　齢 | 運転者の年齢がある程度までは高いほど保険料は割安になる |
| 車　　種 | 一般的に排気量が大きいほど保険料は高くなる |
| 安全装置 | ABS（自動ブレーキシステム）、エアバッグがついていると保険料は安くなる |
| 使用目的 | 営業車は保険料が割高になる（使用頻度による） |
| 走行距離 | 年間走行距離が短いほど保険料が安くなる |
| 所有台数 | 2台目以降の車の保険料は安くなる |
| 運転歴 | ゴールド免許は保険料が安くなる |

# 第3章

# 損害賠償制度と示談のしくみ

# 1 損害賠償とはどんなものか

債務不履行と不法行為の場合に請求できる

## ■ 賠償請求するには

　ある人が他人にケガをさせてしまった場合のように、他人に損害を与えたときに、金銭の支払いによって償う方法を、**損害賠償**といいます。ただ、損害が発生したからといって、必ずしも賠償請求ができるとは限らず、賠償責任が発生するための一定の要件が必要になります。

　損害賠償制度は、発生した損害を公平に分担するためのものです。このような趣旨に基づいて、損害賠償制度には次のような基本的な特徴があります。

① **直接の加害者以外の者が賠償請求されることもある**

　損害賠償は、加害者への懲罰を目的とするものではなく、被害者の損害を補償（補てん）することを目的としています。そのために、直接の加害者ではない人（加害少年の親など）にも賠償責任を負わせて、より確実に損害の回復を図っている場合もあります。

② **賠償請求は因果関係の範囲で**

　損害賠償によって、発生した損害のすべてが補てんされるとは限りません。生じた結果（損害）には、必ず原因があるはずです。この原因と結果の関係を**因果関係**といいます。ただ、因果関係は、無限に拡大していく可能性があります。そこで、補てんされる損害に一定の基準を設けました。つまり、加害者の行為と「相当な因果関係」（相当因果関係）のある損害についてだけ賠償させるという基準を設けているのです。因果関係に基準を設けておかないと、損害の公平な分担ができなくなるおそれがあるからです。

③ **精神的損害も請求できる**

損害賠償で補てんされるものは、財産的な損害だけには限りません。悲しみや恐怖、痛みや恥辱などによって生じる精神的な苦痛や損害についても金銭に評価して補てんする、慰謝料というものがあります。

④　過失相殺や損益相殺という方法もある

損害賠償制度は、損害の公平な分担を趣旨としますから、賠償の対象となる損害の発生、または拡大について、被害者側にも過失（責任）がある場合には、過失の程度に応じて賠償額を調整することができます。これを**過失相殺**といいます。

また、不法行為を受けたことによってかえって利益を得るようなことのないように調整をします。これを**損益相殺**といいます。

## 債務不履行と不法行為がある

損害賠償責任を発生させる法律上の原因として、債務不履行による場合と不法行為による場合があります。

① **債務不履行**

債務不履行とは、相手方に対して一定の債務を負っている者が、行うべき債務の履行をしなかった場合に、相手方に生じた損害を賠償する責任のことです。

② **不法行為**

不法行為とは、（故意または過失による）違法な行為によって相手方の権利や利益を侵害する行為をいいます。たとえば、自動車で他人をはねてケガをさせた、近所の人から意地悪なことを言われて精神的な苦痛をともなった、など、不法行為は非常に身近なところで起こっています。生活妨害や、社会問題となる公害まで、態様はさまざまです。

## 2 債務不履行と損害賠償について知っておこう

契約がきちんと守られないときの責任追及手段をおさえる

### ■ 債務不履行の種類は3種類

「契約」とは、申込みの意思表示と承諾の意思表示が合致して成立する法律行為ですが、契約が成立したからといって、必ずしも契約内容が履行してもらえるとは限りません。契約が履行されなければ債務不履行になります。債務不履行には、履行遅滞、履行不能、不完全履行の3つのパターンがあります。

**履行遅滞**とは、契約の履行が可能であるにもかかわらず、履行期を過ぎても履行しないことをいいます。**履行不能**とは、契約の履行が、履行期に関係なく、まったく履行されていない状態のことです。**不完全履行**とは、契約の履行が一応なされたが、履行が不完全な場合をいいます。履行期前に、不完全な履行がなされたとしても、履行期に、修理をしたり、契約内容に代わる物を提供すれば（「追完」といいます）債務の本旨に従った履行をしたといえる場合もあります。

### ■ 主観的要件と客観的要件がある

債務不履行には、「債務の本旨に従った履行がないこと（客観的要件）」の他に、「債務不履行が債務者の責に帰すべき事由（帰責事由）に基づくこと（主観的要件）」という要件が必要です。「債務者の責めに帰すべき事由」とは、「債務者の故意・過失、または信義則（常識的な誠実さを求める判断の基準）上これと同視すべき事由」とされています。**故意**とは、「わざと」やったことをいいます。**過失**とは、「うっかり」してやったことをいいます。たとえば履行期がすぎているのに気づかず、遅滞に陥ってしまったというような場合をいいます。

## 相当因果関係の範囲内かどうか

債務不履行により、現実に損害が生じた場合は、債務不履行による損害が財産上のものであるか、精神上のものであるかを問わず、賠償請求できます。損害賠償を請求できる範囲は、債務不履行と相当因果関係のある損害すべてです。つまり、債務不履行によって現実に生じた損害のうち、債務不履行があれば普通は生ずるであろう、相当の範囲内にある損害について賠償請求できます。

## 賠償内容はさまざま

債務不履行では、ケースによって、賠償内容が変わってきます。また、あらかじめ契約で、債務不履行が生じた場合に備えるために損害賠償額（損害賠償額の予定）や違約金が定められることがあります。違約金は、損害賠償金とは別個のものとして定めることもできます。

① 履行遅滞の損害賠償

履行遅滞の場合は、まず、履行が遅れたことによって生じた損害の賠償（遅延賠償）を請求できます。また、本来の債務の履行を請求できることは当然ですが、その代わりとして損害賠償（てん補賠償）を請求することもできます。

② 不完全履行の損害賠償

債務者が改めて完全な給付をすることができない場合には、給付に代わる損害賠償（てん補賠償）を請求できます。債務者が改めて完全な給付をすることができるという場合には、完全な給付を請求できることはもちろん、当初の不完全履行によって生じた損害を賠償するように請求することができます。

③ 履行不能の損害賠償

履行不能の場合は、本来の給付に代わる損害賠償（てん補賠償）に限られます。

# ③ 不法行為と損害賠償について知っておこう

**一般的な不法行為と特殊な不法行為がある**

### ケースを詳しく知っておこう

**不法行為**とは、故意または過失によって他人の権利を違法に侵害し、損害を与える行為のことをいいます。不法行為には、一般的な不法行為と、特殊な不法行為との2種類があります。

一般的な不法行為の成立要件としては、次の4つがあげられます。

① 加害者の故意または過失による行為に基づくこと

故意とは「わざと」行うことであり、過失とは「不注意で」行うことです。

不法行為においては、加害者が行った行為は加害者に責任があり、加害者以外の人は責任を負わないのが原則です。

加害者に故意または過失があったことを、被害者の方で証明しなければなりません。証明できないと訴訟上不利益を受けます。

故意・過失の立証は困難な場合が多く、その立証責任を負う被害者は訴訟上、非常に不利な立場にあるといえます。

被害者を保護するため、一定の場合には加害者側で故意・過失のなかったことを証明しない限り責任を免れないこともあります。

② 他人の権利や利益を違法に侵害したこと

不法行為は、違法性があってはじめて賠償責任が生じます。何らかの事情により違法性がないと判断された場合は、損害賠償の責任を負いません。具体的には、民法上の正当防衛と緊急避難が成立する場合です。

正当防衛は、他人の不法行為から自分や第三者の権利を防衛するために、やむを得ず反撃する行為のことです。反撃行為によって、他人

にケガを負わせても、正当防衛であると判断されると、損害賠償責任を負いません。また、緊急避難は、急迫の危険を避けるために、やむを得ず他人の権利を侵害することをいいます。緊急避難と認定された場合も、損害賠償責任は負いません。
③　加害行為と損害発生の間に相当因果関係があること
④　加害者に責任能力があること

## 特殊な不法行為について

被害者の救済のために直接の加害者以外の者に対しても損害賠償を請求することが認められています。

① **責任無能力者の監督者の責任**

責任能力のない未成年者及び精神上の障害で自分の行為の是非を判断できない者の加害行為に対しては、これらの者を監督すべき義務のある者が損害賠償の責任を負います。

監督義務者としては、親や後見人、または、法定の監督義務者に代わって監督する者、たとえば、託児所の保母、幼稚園・小学校の教員などが挙げられます。監督義務者は、監督の義務を怠らなかったことを証明すれば責任を免れます。

② **使用者の責任**

会社の従業員が仕事で運転中に事故を起こしたなど、従業員（被用者）が職務行為をするにあたって他人に損害を与えた場合に、会社の経営者（使用者）にもその賠償責任を負わせるものです。

会社の経営者は、従業員の選任及び監督に相当の注意をしたこと、または相当の注意をしても損害が生じたことを証明すれば損害賠償責任から免れます。

①、②の他に、特殊な不法行為の例としては、土地の工作物の責任、動物占有者の責任、共同不法行為があります。

# 4 損害にはどのようなものがあるのか

**財産的損害と精神的損害がある**

## 損害の種類について

　損害賠償請求が認められるためには、損害が発生したことと、発生した損害が、債務不履行または不法行為によって生じたということが要件となります。損害は、「財産的損害」と「精神的損害」（慰謝料）の2つに分けることができます。

### 1　財産的損害

　財産的損害は、所有物の毀損や、治療費の支出など、現実に財産が減少したことによって生じた積極的損害と、不法行為がなければ得たであろう利益を失ったという、得べかりし利益の喪失による消極的損害に分けられます。

#### ①　所有物が滅失・毀損したとき

　所有物が毀損された場合は、修繕費の額が損害となります。また、所有物が奪われた場合は、所有物を取り戻すのに必要な費用や、取り戻すまで所有物を利用できなかったことによる損失も、賠償の対象になります。

#### ②　利用権が侵害された場合

　建物などの賃借人が、賃借の目的物を他人によって不法占拠されていた場合や、賃借人が賃貸借契約終了後も明渡しをしない場合などは、その期間の賃料相当額が損害額になります。

#### ③　担保権が侵害されたとき

　土地や建物に抵当権といった担保権を設定している場合に第三者・債務者自身・物上保証人（他人の債務を担保するために、自分の所有する財産に抵当権などを設定した者のこと）が、担保目的物を滅失毀

損したり価値を減少させたりしたときは、その行為は不法行為に該当します。このように担保権が侵害された場合、担保権者は権利侵害として賠償請求できます。

④　生命侵害

被害者を死亡させた場合は、財産的損害として、逸失利益も含めて賠償することになります。**逸失利益**は、生存していれば得られたであろう利益のことをいいます。被害者が死亡したときの収入や、定年退職までの残りの可働年数、被害者の年齢、性別など、個別に損害額を算定していく必要があります。また、葬祭費用についても、相当な範囲で損害として認められています。

⑤　身体傷害

被害者が身体を傷害した場合は、治療費や付添費、治療期間中の休業によって減少した収入分などが損害として認められます。傷害を負った場合も、逸失利益が認められることがあります。

⑥　その他

■ 損害のしくみ

損害
- 財産的損害
  - ① 所有物が滅失・毀損したとき
  - ② 利用権が侵害された場合
  - ③ 担保権が侵害されたとき
  - ④ 生命侵害
  - ⑤ 身体傷害
  - など
- 精神的損害
  - 慰謝料
  （社会的にみて相当と思われる額。明確な算定基準はなく、裁判所の裁量にまかせられている）

名誉や信用の毀損、あるいは営業妨害などによって収入が減少した場合は、減少した分の損害を賠償請求できます。

2　精神的損害

精神的損害は、悲しみや恐怖などといった被害者が受けた精神的な苦痛に相当するものです。精神的苦痛に対する賠償は、**慰謝料**として請求できます。慰謝料は、硬直化しがちな財産的損害に対する賠償額に上積みする形で、全体の金額を調整する機能をもっています。

慰謝料の算定については、性質上、明確な算定基準があるわけではないので、諸事情を総合的に考慮して慰謝料の額が算定されます。

結局は、数多くの事例の中から、種々の類型ごとにおよその基準を見つけていくしかありません。なお、会社などの法人についても無形の損害を受けることはあるとして、慰謝料請求が認められる傾向にあります。

## 賠償金は課税されるのか

利益が生じている者には、利益分の一定割合を税金として、国や地方公共団体に納めてもらうのが、課税の基本的な方法です。

損害賠償についてみると、治療費は実費相当額ですから、賠償を受けても利益はありませんし、休業損害とは、ケガがなければ得られていたはずの収入ですから、やはり賠償を受けても利益は生じません。損害賠償は、被害者の損害を補うためにありますから、課税の対象からはずれます。

慰謝料についても、暴行や傷害を受けたことによって被った精神的苦痛を補うために支払われたもので、やはり利益ではありませんから、課税の対象からはずれています。

ただ、実際の損害を大きく上回るような金額を損害賠償や慰謝料として受け取った場合には、実際の損害を超えた部分については利益となりますから、一時所得として所得税の課税の対象となりますので、注意が必要です。

# 5 損害賠償請求権が時効消滅する場合とは

> 債務不履行は10年、不法行為は3年で消滅する

## 賠償請求にも時効がある

**時効**とは、一定の事実関係が続いている場合に、その続いている事実状態をそのまま権利関係として認めようとする制度のことをいいます。時効には、取得時効と消滅時効があります。

① 取得時効

たとえば、ある人が、他人の土地でありながら自分の所有地として使用し、その状態が一定期間継続した場合には、その土地の所有権を取得するという場合をいいます。

② 消滅時効

たとえば、飲食代の支払いという債務があるにもかかわらず、飲食代を支払わないままの事実状態が一定期間続いていた場合には、飲食代（債務）が消滅したのと同様に扱う場合をいいます。損害賠償請求については、消滅時効が問題になります。

## 時効は何年間たつと成立するか

損害賠償請求権に消滅時効が成立するのは、請求権の種類、発生原因によって違ってきます。

まず、債務不履行による場合は、一般債権にあたりますから、10年で消滅します。一方、不法行為による損害賠償請求権については、損害と加害者を知ったときから3年、または不法行為のときから20年で消滅します。

## 時効はどこから起算されるか

消滅時効は、その権利を行使できるときから、進行が始まります。権利を行使できるときは、それぞれの場合によって異なります。

① 債務不履行による損害賠償

債務不履行による損害賠償請求権は、債務の履行期限が到来したにもかかわらず履行しないとき（不履行時）より行使できますから、消滅時効も不履行時から進行を開始するのが原則です。

② 不法行為による損害賠償

不法行為による損害賠償請求権は、被害者が損害と加害者を知ったときから、消滅時効が進行するとされています。

「加害者を知る」というのは、直接の不法行為者が誰であるかを知るという意味だと考えてください。

## 時効が中断される場合もある

時効の中断とは、時効の進行を止め、消滅しようとする権利をもう一度よみがえらせようとすることです。内容証明郵便を利用して相手方に請求をするという方法がとられるのが一般的です。ただ、内容証明郵便による請求（催告）は、あくまでも暫定的な方法にすぎないので、相手方が請求に応じない場合には、内容証明を送ってから6か月以内に裁判上の請求などの法的措置をとる必要があります。また、時効中断事由の1つとして「承認」がありますが、承認というのは債務者（加害者）の方からその債務（損害賠償債務）が存在していることを認めることをいいます。

## 時効の援用

時効の援用とは、時効の利益を受けるという意思を表示することをいいます。時効は期間が経過しただけでは成立せず、当事者が時効の援用をしてはじめて成立するものです。

# 6 示談でトラブルを解決する

謝罪と再発防止がキーワード

## 示談とは

　何かトラブルがあったときに、「示談をする」といいますが、当事者間のトラブルを訴訟ではなく、話合い（契約）で決着させることを**示談**といいます。示談と似ている概念に和解がありますが、和解とは、当事者双方が、妥協（法律用語では互譲といいます）する場合のことを意味します。つまり、片方の当事者が全面的に譲歩する内容であれば、和解ではなく示談ということになります。和解には訴訟の中で裁判所が関与して行うものもありますが、裁判所が関与せず当事者間だけで行われるものもあります。

　和解や示談は文書を作成しない場合、つまり、言葉だけでの約束の場合でも成立します。しかし、紛争の最終的解決を図るのが示談の目的です。紛争の蒸し返しを予防するためにも、必ず文書の形にしておきましょう。また、後で交渉をやり直すことも、原則としてできませんので、交渉の際のやりとりと意思決定は慎重に行いましょう。

　示談書には、最低限、以下の事項を記載します。

① 　紛争の特定

　時間・場所・内容で特定します。

② 　示談金の支払

　金額・支払方法・期限です。名称は、「解決金」など、双方にとって受け入れやすいものにします。

③ 　責任追及の放棄や後遺障害についての記載

　相互に債権債務がなく、民事・刑事の責任追及を放棄する旨を記載します。

### 書式　示談書

示談書

　乙は、平成○年○月○日午後○時頃、甲の経営する店舗にて、電気アロマポットを購入した。乙が自宅にて同商品を使用したところ、加熱装置の不具合により発火し、乙所有の住居の床を約10平方メートル焦がし、住居の一部を使用不能にした。

1　甲は、乙に対し、本件事故の解決金として、金10,000,000円を支払うべき義務を負うことを確認する。
2　甲は、前項の解決金を平成○年○月○日までに、下記の銀行口座に振り込むものとする。なお、振込手数料は甲が負担するものとする。
　　○○銀行　△△支店　普通預金　口座番号　1234567
　　口座名義人　××××
3　乙は、甲に対し本件事故に関し、その余の請求を全て放棄し、甲及び乙は、本件事故について今後一切の債権債務のないことを確認する。

平成○年○月○日

　　甲　　　　　　　　　東京都○○区○○町○丁目○番○号
　　　　　　　　　　　　○○株式会社
　　　　　　　　　　　　代表取締役　　□□　　□□
　　乙　　　　　　　　　東京都○○区○○町○丁目○番○号
　　　　　　　　　　　　△△　△△

# 7 さまざまな場合の賠償請求について知っておこう

**製品事故から震災による風評被害までいろいろなものがある**

## ■ 製品事故に遭ったときの損害賠償請求

　たとえば、テレビのスイッチ部分に欠陥があったため、スイッチを入れたら、テレビが火を噴き、家が全焼してしまったという場合、テレビを製造したメーカーに責任を追及することはできるのでしょうか。

　このような場合に、被害者を救済するために、製造したメーカーに責任を追及しやすくしたのが、**製造物責任法**（PL法）です。製造物責任法とは、製造物の欠陥によって人の生命、身体または財産に被害が生じた場合に、製造業者等に損害賠償の責任を認める法律です。

　PL法でいう「欠陥」とは、その製造物が有するべき安全性を欠いていた状態を指します。単に壊れていたとか、うまく操作できないといったことだけではなく、たとえば「上下逆にして置いたら破裂する危険性があるのに、それを注意書きしていなかった」など、取扱い上の注意点の表示の不備などについても欠陥として扱われます。つまり、企業側が「まさかこんな使い方はしないだろう」「こんなことは書かなくてもわかるだろう」と思うようなことでも、欠陥として指摘され、損害賠償責任を負う可能性があるということです。

　前述した事例の場合、原告である被害者が主張・立証するのは製造物に欠陥があったという点だけです。

　冒頭の事例でいえば、テレビのスイッチが通常の使用で発火するということは、安全性を欠いているといえますので、この部分に「欠陥」があるといえます。製造メーカーが賠償責任を免れるためには、欠陥がなかったこと、欠陥が知りえないものであることなどを主張・立証する必要があります。製造メーカーの方で、欠陥がなかったことや、

過失がなかったことを証明できなければ、メーカーに責任を負わせることができます。

なお、いきなり裁判などを検討せずに、各種の業界団体が、消費者を保護するために設置している「PLセンター」に相談するのもひとつの方法です。これらの機関は、製造物の欠陥による事故があった場合、製品についての専門的な知識を生かして、消費者と製造業者との間の紛争について相談や示談の仲介をしています。

## 医療事故に遭ったときの損害賠償請求

医師が起こした医療事故によって患者が被害を受けても、それによって直ちに損害賠償が認められるわけではありません。医師または病院が任意の賠償に応じないときには、裁判を起こして医師または病院に損害賠償を請求することになります。

ただ、裁判などで民事上の賠償責任を追及するような場合には、医師や病院の過失を患者が証明しなければなりません。しかし、医療過誤は、手術室や病室で起こるため、目撃者は加害者である医師側の人間が多く、患者側がどのような事故があったかを証明するのは非常に困難です。さらに、診断や治療に過失があったとしても、その違法行為と損害との間に因果関係があることが証明できなければなりません。

このように、医療過誤について医師や病院の責任を追及するのは、なかなか難しいのが実情です。どれだけ有利な証拠をもっているかも重要な要素です。重要な証拠であるカルテや診療記録は医師側にありますから、証拠が改ざんされるおそれが多分にあります。まずは、証拠保全手続をとって、カルテをおさえておく必要があるでしょう。

前述したように、一般に医療事故の場合に根拠となるのは、医療契約の不履行（債務不履行）と、医師の不法行為です。そして、両者で共通して問題となる要件が、①医師の故意・過失、②因果関係、③損害です。

① 医師の故意・過失とは

　過失はその者に課せられている注意義務に違反することで認められます。医師が注意義務を尽くしたにも関わらず医療事故が起きた場合には、損害賠償は認められません。医師の注意義務は患者の生命に直結しているので、医師には高度の注意義務が要求されています。

② 因果関係について

　医師の過失と結果（患者の死亡など）との間に因果関係（原因と結果の関係）が認められなければ、損害賠償は認められません。たとえば救急車で運ばれてきた急患が死亡し、急患に対して行った手術について、医師のミスが認められたとしても、救急車で運ばれてきた時点で急患がすでに手遅れだった場合には、医師の過失と患者の死亡との間には因果関係がないことになりますので、患者の死亡についての損害賠償請求は認められません。因果関係はガンの発見が遅れたなど、医師が適切な行為を行っても、患者が助かっていたか微妙なケースに問題となりやすく、患者の死亡との因果関係を認定するのが困難な場合が多いようです。そこで最近では、患者の死亡を結果とするのではなく、患者の期待権の侵害や延命利益の喪失などを結果とすることによって、この点を解決しようとの試みがなされています。

③ 損害の評価について

　たとえ医療事故があっても、患者が損害の額を証明しないと、損害賠償は認められません。損害賠償が金銭による賠償を求めるものなので、損害も、患者の死亡とか片足の麻痺とかという事実そのものではなく、その事実を金銭的に評価したものであるとされています。

　たとえば、死亡の場合には、患者が死亡していなければ働いて稼げたであろう給料などが損害として評価されます（財産的な損害）。

## 近隣トラブルに遭ったときの損害賠償請求

　ここでは、各種紛争の類型と、損害賠償として請求できる内容につ

いて見ていきましょう。

① **日照についての紛争**

3階建以下の住宅などの建物の建築については、日照が妨害されても、原則として、損害賠償の請求はできません。また、高層マンションなどの建築については、通常は不動産業者が建築基準法に違反しない設計、施工を行っているはずですし、行政当局の指導も守っているものです。このため、日照権が侵害されている場合であっても、いきなり訴訟を提起して損害賠償請求できると考えるのは現実的ではありません。周辺住民が団結して行政機関などに働きかけ、不動産業者に対して、解決金を求めるのが一般的です。

② **振動についての紛争**

振動によって肉体的、精神的被害を受けることもあります。この場合、一般的には、治療費、休業補償、慰謝料が請求できますが、振動による健康被害については、個人差があるため算定は難しいものです。さらに、裁判によって損害賠償が認められたとしても、騒音の原因となっている工場側に支払能力がないこともあります。近隣トラブルにおける損害賠償の場合は、加害者の支払能力も考慮に入れる必要があるのです。

③ **悪臭、排気ガスについての紛争**

車の排気ガスによる被害も多く発生します。排気ガスの被害は、駐車場の地主に注意しても、駐車場利用者が他人であるため、その注意を徹底させることは困難です。このような場合は、被害者側で、排気ガスを遮断するための塀を造って、建造費を損害賠償として請求する方が手っ取り早く解決できるということもあります。

また、悪臭、排気ガスなどを原因として、自律神経失調症などの病気になった場合であっても、診察した医師が、その事実との因果関係を認定してくれないこともあります。

④ **騒音についての紛争**

飛行場周辺や高速道路などの騒音については、基本的に差止めはできないと思った方がよいでしょう。自分でした防音工事の費用と慰謝料を請求するしかありません。

工場などの騒音については、各地方自治体で具体的数値による規制をしていれば、行政当局に相談して、規制値以下に抑えるように指導してもらうことができます。また、工場側に音がもれないような改造工事をするように要求するか、被害者側で、防音工事をして、その費用の損害賠償を請求する方法もあります。

## ■ 不動産トラブルに遭ったときの損害賠償請求

不動産の契約にもさまざまなものがありますが、たとえば、売買の目的物とされた不動産に欠陥（瑕疵）があった場合、売主は、そのことを知らずに購入した買主に対して損害賠償責任を負います。契約どおりの面積がなかった場合や目的不動産に他人の権利がついていたという場合にも、同様に損害賠償の責任を負います。

このように、売主が無過失であっても当然に負うことになる売主の責任のことを、**担保責任**といいます。また、請負契約においても、完成した目的物に欠陥があれば、請負人は補修義務を負うほか、損害賠償の責任を負います。

■ 近隣トラブルでの損害賠償請求

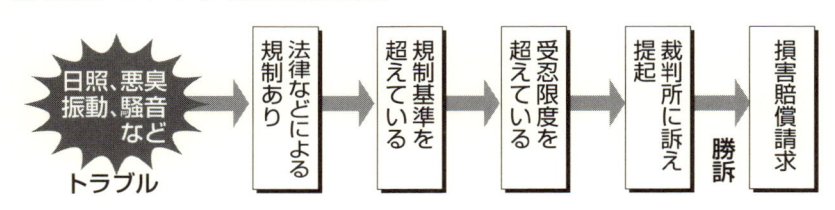

日照、悪臭、振動、騒音などトラブル → 法律などによる規制あり → 規制基準を超えている → 受忍限度を超えている → 裁判所に訴え提起 → 勝訴 → 損害賠償請求

### ■ 会社に対しても損害賠償請求することができる

　社内で従業員同士がケンカをし、ケガを負ったような場合、会社に対して損害賠償請求できるのでしょうか。

　使用者は、従業員が事業の遂行をする上で第三者に加えた損害について、賠償責任を負うこととされています。社員の仕事につながる行為が不法行為であった場合は、会社に責任があります。自社内の社員であってもこの「第三者」には、含まれますから、結果的には社内での不法行為にも適用される可能性はあるわけです。

　なお、会社が、社員の選任およびその事業の監督に関して相当の注意をしたときは、その限りではありません。

### ■ 名誉毀損の損害賠償

　名誉を傷つけられた場合にも、損害賠償が認められます。実際の名誉侵害はさまざまな形で行われますので、その侵害に応じた損害賠償の方法を検討する必要があります。名誉毀損が成立すると、損害賠償請求は認められます。損害賠償で認定できるものとしては、慰謝料請求が挙げられますが、慰謝料請求以外にも、謝罪広告や差止請求も挙げられます。謝罪広告は、名誉や信用の直接の回復を目的とするものであり、差止請求は、継続的に名誉毀損をしている場合に、行為をやめるよう請求ができることをいいます。ただ、損害賠償請求が認められない場合もあるので、注意してください。

### ■ 風評による被害と損害賠償

　事故や災害について大きく報道された結果、本来安全な商品や作物まで消費者に不安視されてしまい、買い控えや観光のキャンセルといった形で生じる経済的な損失のことを**風評被害**といいます。

　事故や環境汚染の直接の被害を受けたわけではなく、報道や国の対応が一般人の心理に影響を与えた結果、本来安全な商品・作物にまで

被害が及んでしまう点が風評被害の特徴です。裁判例では、敦賀原発廃液漏えい事件において、風評被害も一定限度で損害賠償の対象になり得ることを認めています。

　また、大規模な事故では、どの損害までを賠償の範囲として含めればよいかが問題となるため、行政の判断により賠償基準が定められることがあります。平成11年に発生した東海村JCO臨界事故事件における賠償指針では、以下の３つを満たす風評被害については、特段の反証のない限り、事故との間に相当因果関係（賠償すべき範囲として相当と認められる関係）があると推認され、損害として認められることが示されています。

① 　正確な情報が提供され、かつ、これが一般国民に周知されるために必要な合理的かつ相当の時間が経過した時点までに生じた現実の減収分であること、
② 　屋内退避勧告がなされた区域内のものであること、
③ 　平均的・一般的な人を基準として合理性のあるものであること、

　また、上記①〜③を満たさない場合であっても、請求者の個別・具体的な立証の内容・程度によっては、損害として認められる余地があるとしています。

　最近、風評被害で深刻な問題となっているのが、平成23年３月に発生した東日本大震災に基づく福島第一原子力発電所の放射性物質漏えい事故による被害です。放射性物質が検出されていない安全な農作物・水産物、観光地であるにもかかわらず、たんに「福島産」「東北地方」というだけで、消費者離れが生じています。

　施設を管理する東京電力株式会社の賠償範囲について、基準となる指針の策定が進められており、指針では、政府の出荷制限・自治体の自粛要請で損害を受けた地域の農産物や、福島県内に営業拠点がある観光業の風評被害についても賠償の対象となる見込です。また、平成23年８月上旬に定められることが予定されている原発賠償の中間指

針では、茶葉や生花の風評被害についても賠償の対象範囲に追加する予定です。

ただし、指針の対象から外れた被害者が民事訴訟を提起する可能性もあるため、東日本大震災の原発事故による風評被害の対象がどこまで及ぶかについては、指針の策定によっても完全には確定しないということができるでしょう。

## 福島第一原子力発電所の事故に伴う損害賠償

東京電力株式会社に対する損害賠償請求はすでに行われており、農林漁業者による東京電力への損害賠償請求額は、367億円に上っているようです。原子力事故については、被害者の救済などを目的として原子力損害の賠償に関する法律（原賠法）が定められています。この法律では、「巨大な天災地変」によって原子力事故が生じた場合には、電力会社が免責されることを定めているのですが、政府は、福島第一原子力発電所の事故についてはこの免責規定の適用に否定的な立場をとっています。そのため、被害者への補償の枠組み作りが課題とされていましたが、平成23年8月上旬にも、福島第一原子力発電所事故の損害賠償支援を行うための「原子力損害賠償支援機構法案」が成立する見込みです。法案の概要によると、東京電力などの電力会社が負担金を出し合い、原子力損害賠償支援機構を設置し、政府が、損害賠償が適切に行われるための資金援助や債務保証などを行うしくみになっています。原子力損害賠償支援機構法案の具体的内容については、審議が進められていますが、今後、他の原子力発電所で同様の事故が生じた場合にも対応できるような法律が制定される予定です。

また、精神的損害を賠償する慰謝料の基準については、指針が定められ、地震発生から6か月までの間は1人あたり原則として、月額10万円、その後の6か月については、月額5万円とすることが定められました。それより後の期間については、改めて算定されます。

# 第4章

# 交通事故に遭ったときの損害賠償

# 1 損害の中身を知っておこう

財産的な損害は積極損害と消極損害に分けられる

## ■ 損害にはどんなものがあるか

損害賠償請求が認められるには、損害の発生が必要です。では、損害とは具体的に何を意味するのでしょうか。

交通事故による損害は、人身損害と物件損害に大別されます。人身損害とは、死亡事故や傷害事故といった人身事故から発生した損害です。物件損害とは物損事故により発生した損害です。また、損害は財産的な損害と精神的な損害の2つに分けることもできます。財産的損害は、所有物の毀損や、治療費の支出など、現実に財産が減少したことによって生じた積極損害と、働くことができれば得られたであろう収入を失ったという、得べかりし利益の喪失による消極損害に分けられます。簡単に言うと、お金が出ていくのが積極損害であり、お金が入ってこなくなるのが消極損害です。

人身事故の場合、①傷害、②後遺障害、③死亡、の3つのケースが考えられますが、いずれのケースでも財産的損害と精神的損害、あるいは積極損害と消極損害が発生することになります。

① 積極損害

交通事故の被害者が、事故に遭ったために支出せざるを得なくなった金銭のことを積極損害といいます。たとえば、交通事故でケガをした場合には、治療が必要になりますが、この治療費は交通事故に遭ったためにやむを得ず支出することになったものです。死亡事故の場合であれば、被害者の遺族は被害者の葬儀をすることになりますが、葬儀費用も交通事故に遭ったために支出することになった費用です。

② 消極損害

交通事故に遭ったために得ることができなかった金銭（経済的利益）を**消極損害**といいます。たとえば、交通事故で死亡した場合、被害者はそれまで得ていた収入を以後得ることができなくなります。また、交通事故でケガをした場合、治療のために仕事を休むことを余儀なくされ、その間の収入が減る、あるいはなくなるといったことも考えられます。さらに、事故の後遺症のせいで以後の収入が減ることもあるでしょう。これらはすべて消極損害にあたります。

消極損害には、休業損害（仕事を休んだことによって得られなかった収入）、後遺障害逸失利益（後遺症が残ったために得られなかった収入、150ページ）、死亡逸失利益（死亡したために得られなかった収入、156ページ）の3種類があって、それぞれ計算方法が異なります。

休業損害の場合は、治療をしていた期間、仕事を休むことによって失う利益（逸失利益）です。逸失利益は被害者の1日あたりの収入額に治療のために休んだ日数（休業日数）を乗じて計算します。つまり、

**休業損害＝1日あたりの収入（基礎収入）×休業日数**

となります。ただ、「1日あたりの収入」は被害者の職業によって扱いがかなり異なってきます。また、休業日数には、入院した日数、治療のために通院した日数のほか、自宅で安静にしていなければならない日数も含まれます。

## 慰謝料とはどんなものか

財産的損害のほかに、精神的苦痛も、交通事故の損害賠償の対象に含まれます。慰謝料は、交通事故に遭った場合に受ける悲しみや恐怖など、精神的損害を償うためにあるものです。慰謝料は、精神的な損害という目に見えない損害についての賠償金ですから、目に見える財産的な損害賠償とは違った性質をもっています。

そのため、被害者が納得するように慰謝料を算定するのは、なかなか困難です。死亡事故、傷害事故、後遺障害のそれぞれの場合で一応

の基準がありますが、性質上、明確な算定基準はありません。実際の額は、傷害の程度、被害者の年齢・職業、加害者が被害者に対してどの程度誠意を尽くしたかなどの事情を考慮して決められます。

慰謝料の算定については、多くの判例があります。しかし、算定にあたって考慮される事情は多種多様です。同じ被害を被っていても、被害者や被害の態様が異なれば慰謝料も異なってきます。

ただ、だからといって、まちまちに算定するのでは、被害者にとっても加害者にとっても不公平な結果となってしまいます。そのため、実務においては、慰謝料の算定基準が一応の目安として利用されています。この慰謝料の算定基準を利用して、後遺障害に対する賠償を計算することもあります。たとえば、財産的損害としての逸失利益（135ページ）が認めにくいような場合に、慰謝料を増額することで逸失利益を埋め合せるといった方法がとられたりすることもあります。

## ■ 賠償請求の基準となる収入の算定方法は

事故によるケガの損害には、治療費や付き添いにかかる費用は、対象になりますが、治療費以外にも、治療期間中に休業したことによって減少した収入や、事故の後遺障害で労働力が低下して将来の収入が減少した場合の減少した分の収入なども、損害賠償の対象になります。

特に、治療期間中に休業したことによって収入が減少した場合や、将来の収入が減少した場合、その減少分は、基本的には、会社員や公務員については、源泉徴収票または所得証明を基準にして決定されます。個人事業者については、確定申告を参考にして算定されます。

もし、実収入と申告した収入とが異なる場合には、実際に申告した収入以上の収入があったことを裏づける資料を示すことにより、実収入による損害賠償請求が可能となります。

どのようなものが資料として認められるのかは、ケース・バイ・ケースです。商売をしている場合には、直近の売上伝票や領収書など

によって収入を証明します。

ただ、脱税の事実があれば修正申告が必要になります。

判例も、過少申告が損害査定の障害になることは否定できないものの、実損害を賠償請求できるという考えに立っています。

## 交通事故の損害賠償を算定する基準

人身事故で請求できる損害賠償額について、一般の人にはあまり知られていません。数え切れないほど発生する交通事故トラブルをより迅速に処理するため、賠償額についてはそのつど個別に一から考えるのではなく、定型化された基準を用いて支払額を算出しています。

具体的には、①自賠責保険基準、②任意保険基準、③弁護士会基準、の3つの査定基準があります。被害者はこれらの基準を参考にして、加害者に損害賠償を請求することになります。本人同士または弁護士が代理人となって交渉する場合は、3つの基準の中で金額的に有利な弁護士会（裁判所）基準が利用されます。弁護士会基準は、判例や物価の変動などの経済的要因が考慮に入れられた基準です。

当事者双方が任意保険に加入している場合であれば、保険会社同士の話し合いで示談交渉は決着がつくことが多いようです。この場合は②の任意保険基準が利用されます。ただ、被害者も加害者も弁護士会基準の主張をしなければ、自賠責保険基準や任意保険基準よりも低い金額で示談が成立してしまう可能性もありますから注意が必要です。

■ 人身事故と物損事故

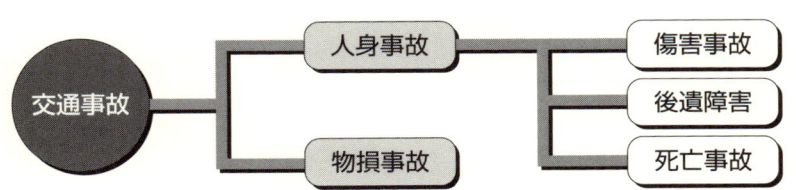

交通事故
├ 人身事故
│  ├ 傷害事故
│  ├ 後遺障害
│  └ 死亡事故
└ 物損事故

# ② 損害賠償を請求できるのはだれか

損害を受けた本人が請求するのが原則である

## ■ 損害賠償を請求できるのは誰か

　交通事故で損害を被った場合に、加害者に対して損害賠償の請求ができるのは、まず被害者本人です。

　死亡事故や傷害事故といった人身事故については、事故によって負傷した人や、死亡した人が被害者となります。物損事故については、破損した車両の所有者や、車が家に突っ込んだような場合は破損した家屋に住んでいる人やその所有者が被害者です。

　ただ、死亡事故の場合に死亡した被害者本人が損害賠償を請求することはできませんから、死亡した被害者の遺族（相続人など）が請求するということになります。誰がどんな請求をできるのかは、人身事故、物損事故の場合によって、それぞれ異なります。具体的には、次のようになっています。

① 傷害事故の場合

　交通事故で傷害を負った場合の損害賠償請求は、被害者本人が加害者（加害者の加入する保険会社も含む）に対して請求するのが原則ですが、被害者本人が請求できない場合もあります。

　たとえば、被害者が意識不明で回復の見込みがない場合、被害者の配偶者や親などの一定の親族が被害者に代わって請求することになります。また、被害者が幼児などの未成年者である場合は、親などの法定代理人が請求します。被害者が成年被後見人（物事を判断する能力を欠く状態にある人のこと）の場合は、その者に代わって成年後見人が請求します。

　さらに、被害者に重度の後遺障害が残った場合、被害者の配偶者な

ど一定の近親者は、自己の権利として加害者に慰謝料を請求することができます。

　交通事故の被害者が加害者に対して請求できるものは、大きく分けて、ａ実際に支出した治療費など（積極損害）、ｂ仕事を休んだための休業補償や障害が残ったときの逸失利益（消極損害）、ｃ精神的な苦痛に対する慰謝料、ｄ弁護士報酬（裁判で損害として認められた額の１割程度）の４つです。なお、被害者に過失があった場合は、過失相殺がなされます。また、被害者が得た利益について損益相殺（113ページ）されることもあります。

② 死亡事故の場合

　被害者が死亡した場合は、その者の相続人が損害賠償を請求することになります。また、相続人のうち、被害者の配偶者・子・父母などの近親者については、自分自身の慰謝料を請求することもできます。

③ 物損事故の場合

　物損事故の場合、損害賠償を請求できる人は、人身事故の場合とほぼ同じです。原則は被害者本人です。

　ただ、物損事故の場合、自賠法の適用がありませんので、民法709条の不法行為責任に基づいて損害賠償を請求することになります。

## 事故で被害者だけでなく加害者も死亡した場合

　被相続人の死亡によって、被相続人の持っていた財産はその相続人に承継されます。この場合の財産には、預金や不動産といったプラスの財産だけでなく、損害賠償や借金といったマイナスの財産も含まれます。加害者と被害者の双方が死亡した場合は、事故の加害者としての損害賠償責任も相続人に承継されます。したがって、遺された相続人同士で示談交渉をすることになるわけです。

# 3 損害賠償責任はだれにあるのか

> 事故を起こした本人以外の者が責任を負うこともある

## ■ 誰に損害賠償を請求するのか

　交通事故が発生した場合に、被害者が被った損害について、賠償責任を負うのは原則として加害者本人です。

　しかし、たとえば、加害者が全く資力のない者であった場合に、加害者に対してだけしか損害賠償の請求ができないとなると、被害者の救済が図られない可能性があります。被害者保護の観点から考えれば、損害賠償を請求できる相手の範囲が広いほうがよいことになります。

　このような理由から、たとえば、未成年者の起こした事故であれば親に、従業員が業務中に起こした事故であればその会社に、それぞれ損害賠償の請求ができる場合があります。

## ■ 加害者の会社や親に請求することができる

　事故の損害賠償を請求できる相手を以下で見ていきましょう。

① 加害者と加害者の相続人

　加害者は交通事故を起こした本人ですから、原則として損害賠償の責任を負います。

　ただし、交通事故では、加害者が死亡するというケースも少なくありません。加害者が死亡した場合、加害者の相続人が損害賠償責任を相続しますので、被害者はその相続人を相手に示談の交渉や訴訟提起などをすることになります。財産的な損害についてだけでなく、精神的な損害（慰謝料）についても、相続人に請求することができます。

② 使用者

　会社は従業員を使用することによって利益をあげています。そこで、

会社は従業員の不法行為についての責任も負うことになっています。会社の経営者としては、従業員の選任や監督に相当の注意をしたこと、または相当の注意をしても損害が生じたということを証明すれば損害賠償責任から免れることができます。

事故が「仕事の最中」に発生したかどうかは、外形的・客観的に判断されます。たとえば従業員が会社の所有車両を私用で乗り回していて発生した事故であっても、外形的には仕事中に見えますから、会社が使用者責任を負うこともあります。使用者は被害者に損害賠償をした後、賠償した分を従業員に支払うように請求することができますが、全額ではなく一部に制限されることがあります。

③　運行供用者

自動車を自分のために自分の支配の下で使うことができる状況にあって、自動車を運行することが自分の利益となる者（運行供用者）は、人身事故の損害賠償責任を負います。これを**運行供用者責任**といいます。直接の加害者でなくても、自賠法によって、損害賠償責任が発生するのです。民法の不法行為と異なり、故意や過失がなくても責任が発生する点が運行供用者責任の特徴です。

運行供用者責任は、被害者の保護を目的とするもので、自動車損害賠償保障法3条に規定されています。運行供用者にあたる者の例としては、ａ保管を託されている自動車修理業者、ｂ自動車の名義を貸した者、ｃ無断運転された場合の車の所有者などです。レンタカーの貸主なども、原則として運行供用者にあたります。

④　未成年者の親など

責任能力のない未成年者及び精神上の障害で自分の行為の是非を判断できない者の加害行為については、これらの者を監督すべき義務のある者が損害賠償の責任を負います。

監督義務者としては、親や後見人、または法定の監督義務者に代わって監督する者などが挙げられます。ただし監督義務者は、監督の

義務を怠らなかったことを証明すれば責任を免れることができます。

　なお、未成年者が勤務中に事故を起こした場合には、使用者に使用者責任あるいは運行供用者責任が発生しますし、事故を起こした車が親の名義になっている場合には、その親に運行供用者責任を追及することができます。

## ■ 運行供用者が責任を負わないケース

　運転者は、通常、運行供用者に該当しますから、人身損害については、自賠法3条による運行供用者責任を負うことになります。

　運行供用者が責任を免れるためには、①自己または運転者が十分な注意義務を尽くしたこと、②被害者または第三者に故意・過失のあったこと、③自動車に構造上の欠陥または機能上の障害のなかったこと、の3点すべてについて立証しなければなりません。この立証は困難で、無過失責任に近い責任を加害者側に負わせたものと言われています。

　運転者が運行供用者にあたらない場合もあります。たとえば、雇われ運転手などは運行供用者には該当しません。このような場合には、運転手は民法709条の不法行為責任だけを負うことになり、運転手を雇っている会社が運行供用者責任を負うことになります。

## ■ 好意で人を乗せた場合はどうなる

　車に無償で同乗させてもらうことを好意同乗と言います。会社の同僚に家まで車で送ってもらうような場合が好意同乗にあたります。

　好意同乗中に事故に遭い、同乗者にケガをさせてしまった場合であっても、運転者は賠償責任を負います。

　ただ、同乗の経緯などを考慮して、賠償額が減額されるケースもあります。特に飲酒運転については、飲酒運転車に同乗した者も道交法により処罰可能になったので、減額の程度が増加する可能性もあります。

# ④ 傷害事故の場合の損害賠償について知っておこう

**支払基準は定型化されている**

## 傷害を負った場合にはどうなる

　交通事故で傷害を負った場合の損害賠償請求は、本人が行うのが原則です。ただ、本人以外の者が請求できる場合もあります。

　たとえば、未成年者が被害者の場合はその未成年者の親（親権者）が、また、被害者が成年被後見人の場合は成年後見人が、それぞれ代理人として本人の代わりに請求することになります。

　被害者に重度の後遺障害が残った場合は、被害者を看護することになる配偶者などの一定の者が自己の権利として加害者に慰謝料を請求することができます。

　交通事故の被害者が加害者に対して請求できるものは、①実際に支出した治療費など（積極損害）、②仕事を休んだための休業補償や障害が残ったときの逸失利益（消極損害）、③精神的な苦痛に対する慰謝料、④弁護士報酬（裁判で損害として認められた額の１割程度）の４つです。なお、被害者に過失があった場合は、過失相殺（113ページ）が認められます。また、賠償金の二重取りを防ぐために被害者が事故によって得た利益（保険金など）について損益相殺（113ページ）されることもあります。

## 入院・看護の費用も請求できる

　交通事故でケガをした場合、被害者が医療機関に支払った治療費全額が損害として認められます。

　鍼灸、マッサージ、指圧、温泉療養などの費用も医師の指示や同意がある場合には損害として認められます。入院の際の室料については、

その病院の平均的な室料を基準として損害額が計算されます。特別室使用料は原則として損害として認められません。

義足、義手、メガネ（コンタクトレンズを含む）、車椅子、松葉杖、身体障害者用ベッドなどの装具・器具購入費も積極損害として認められます。盲導犬の購入費が損害として認められた例もあります。入院付添費は医師の指示があれば積極損害に含まれます。

医師の指示がなくても、受傷の程度、被害者の年齢などから付添看護が必要であれば、積極損害として認められます。職業付添人の場合には実費全額が認められます。近親者が付き添った場合には、1日あたり5500〜7000円程度の金額で認められています。通院に付き添いが必要な場合は、入院付添費のおよそ半額を請求できます。近親者付添人の交通費や宿泊費が認められることもあります。

### ■ 加害者に請求できる交通費

事故で負ったケガの治療のため、病院などに通院した場合の交通費も加害者に請求できます。付添人が必要な場合は付添人の交通費もあわせて請求できます。通院は、電車やバスなどの公共交通機関の利用が前提となります。しかし、被害者の年齢、症状、交通の便などの理由によって、タクシーの利用がやむを得ないと認められる場合は、タクシー料金の請求も認められます。自家用車を利用したときは、ガソリン代、高速料金、駐車料金などの実費が認められます。交通費を請求する場合は、やむを得ないと認められる場合を除いて、領収証が必要です。その他雑費として、領収証などがなくても、入院1日あたり1400〜1600円程度の金額の費用を請求することができます。

### ■ 自動車改造費、家屋改造費について

障害者用の改造自動車が必要とされる場合には、改造費用相当額の請求が認められます。

家屋改造費については、後遺障害の内容・程度に応じて、必要かつ相当な範囲で認められています。具体的には、トイレ・浴室・スロープ、車椅子用斜行型昇降機などの設置費用があります。

## ■ どんなものがあるのか

　入院・看護の費用や自動車改造費、家屋改造費のほかに、以下の費用も積極損害として認められることがあります。

① **子供の委託料など**
　治療などのために子供を知人や保育施設に預けた場合にかかった費用を請求できます。

② **家政婦などの費用**
　家事や育児のために家政婦などを雇った場合は、その費用を請求できます。

③ **家庭教師代など**
　治療のために学校を休んで学習に遅れが生じたため、家庭教師を雇った場合は、その費用を請求できます。

④ **浪人や留年などによる費用**
　事故のために浪人や留年を余儀なくされた場合には、それによってかかった費用を請求できます。

⑤ **義肢などの費用**
　義足や義歯、車椅子などの費用を請求することができます。事故のためにメガネ（コンタクトレンズも含む）が壊れた場合には、その費用も弁償してもらえます。

⑥ **文書料**
　医師の診断書、交通事故証明書、印鑑証明などを作成するための費用も請求できます。

⑦ **その他**
　家屋の出入口、階段、風呂場、トイレなどをバリアフリーへと改造

する費用、ベッドやイスなどの備付けまたは購入費、自動車などの改造費、破損した衣服の購入費、子供の保育費または学習費（被害者のケガの程度、内容、年齢、家庭の状況などに照らして必要性が認められるとき）の実費を請求することができます。

## ■ 積極損害とは認定されない損害について

　交通事故で傷害を負った場合、治療費・看護費・交通費などが積極損害として認められます（143ページ）。

　しかし、積極損害として認められるのは必要かつ相当な範囲の費用に限られます。つまり、実際には出費した費用であっても損害賠償請求の対象に含まれないことがあるのです。

　具体的には、過剰な診療や必要以上に丁寧な治療をする「贅沢診療」を施したためにかかった費用は積極損害として認められません。通院中に飲んだドリンク剤の費用も傷害事故について必要な費用とは認められません。

　また、入院中の見舞客に対してのお礼や快気祝い、接待費といった費用も、傷害を負ったことによって必要になる相当な範囲の費用とまではいえないので、必要経費として認められません。

## ■ 裁判所の傷害慰謝料に対する考え方

　精神的苦痛というのは人によって異なるので、算定が困難な場合もあります。

　しかし、慰謝料の認定について裁判所によって判断がまったく一致しないということはなく、一応の目安が存在しますので、実際に請求する場合には、弁護士などの専門家に聞いてみるのがよいでしょう。

# 5 休業損害や慰謝料の算出のしかたを知っておこう

被害者の職業によって算出の仕方が異なる

## ■ 休業で損害をこうむったら

　傷害事故の場合、病院に入院または通院することになりますが、仕事をしている人であれば多かれ少なかれ仕事を休むことになります。仕事を休んだことによって減った収入のことを休業損害（135ページ）といいます。休業損害は得られるはずであったのに得られなくなった収入ですから、消極損害の代表的な一例です。

　では、具体的に休業損害はどのように計算するのでしょうか。

　まず、事故前の3か月間の収入を合計します。その合計額を90で割り、1日あたりの収入額を算出します。この1日あたりの収入額に休業した日数を乗じて休業損害を求めます。被害者が会社員などの場合は、計算は比較的簡単です。一方、自営業者の場合は前年度の申告所得額を基準にして1日あたりの収入額を算出します。

　なお「休業した日数」には入院だけではなく通院した日数も含まれますが、通院期間の証明には「休業を要する」という内容の医師の診断書が必要になります。

　このようにして減少した収入を算出しますが、常にその全額が請求できるわけではありません。たとえば、事故当時に被害者が勤務中であったため労災が認定されて給与の6割が補償された場合は、残りの4割しか請求できません。また、入院・通院中でも勤め先から給与が支給されていた場合は、その分を請求することはできません。

　なお、有給休暇を利用して入院・通院した場合は、収入が減少していなくても、休業損害と認められます。

## 精神的な苦痛に対する慰謝料について

誰であれ交通事故の被害者になることは、かなりの精神的苦痛を伴います。この苦痛を金銭に換算して補てん（埋め合わせ）しようというのが慰謝料です。死亡事故・傷害事故・後遺症が残る事故、どんな事故でも精神的苦痛は発生し得ますが、ここでは傷害事故の際に支払われる慰謝料の金額について説明します。

ただ、治療費や自動車の修理代のように、請求書や領収書が被害者に交付されるわけではありませんから、被害者側と加害者側の双方の事情を総合的に考慮して、その金額を決定します。その際に考慮される事情には以下のようなものがあります。

① 被害者側の事情
ア 負傷した身体の部位及びその程度
イ 入院・通院期間など治癒にいたる経過
ウ 被害者の資産や収入及び生活程度、被害者の家庭内における立場や扶養の関係
エ 年齢、性別、学歴、職業、既婚未婚の別、社会的地位など

② 加害者側の事情
ア スピード違反、飲酒運転、無免許運転などの不法行為の有無・程度
イ 謝罪や見舞いがあったとか、または示談交渉に誠意はあったかなど加害者の態度や姿勢

これらの事情を総合的に考慮して、慰謝料を算出することになりますが、被害者と加害者側の保険会社との間で見解の相違も生じるため、実務上は、日本弁護士連合会の交通事故相談センターの作成による「入・通院慰謝料表」という基準を目安に慰謝料を算出しています。

## 自賠責保険や任意保険のケガの慰謝料はどの程度か

示談交渉で、加害者側の保険会社が主張する慰謝料の金額は、原則として自賠責保険基準や任意保険基準によります。これらの基準は、

日弁連の入・通院慰謝料表よりもかなり低いものであり、以下のようになっています。

① **自賠責保険の慰謝料**

　自賠責基準では傷害事故の慰謝料は、1日あたり4200円とされています。被害者の負傷の程度や状態、実際に治療に費やした日数などを考慮して、治療期間の範囲内の慰謝料の対象となる日数を決めます。

② **任意保険の慰謝料**

　以前は「自動車対人賠償保険支払基準」というものが設定されていましたが、保険自由化により廃止されました。現在、基準設定は各保険会社で個別に行われています。ただ、各社とも以前とほとんど変更されていないようです。なお、自賠責保険の場合には治療期間が長期化しても1日あたり4200円で慰謝料を計算しました。これに対して、任意保険の場合には、治療期間が長期化すると徐々に賠償額を減額するシステムを採用している会社が多いようです。

## 被害者の近親者にも慰謝料請求が認められることがある

　交通事故によって被害者が死亡した場合には、遺族が加害者に慰謝料を請求する場面がよく見られます。この請求は法律的には民法711条に根拠があります。同条によると、他人の生命を侵害した者は、被害者の父母、配偶者と子に対して慰謝料を支払わなければなりません。

　だとすると、傷害事故の場合には近親者に慰謝料請求権は認められないようにも思われます。実際、711条も、「他人の生命を侵害した」と記しています。

　しかし、判例上、生命侵害に匹敵する程の精神的苦痛を近親者が被ったときも、近親者に固有の慰謝料請求が認められるとされています。たとえば、娘が顔に一生消えないほどの深いキズを負った場合の両親などがこれにあたります。

# ⑥ 交通事故の後遺症の場合の損害賠償請求はどうする

賠償額は喪失率と喪失年数で決まる

### ■ 交通事故の後遺症について賠償請求はできるのか

交通事故による人損は、命まで失わなかったとしても、一時的な被害にとどまらない場合があります。それが、後遺症が残った場合です。後遺症とは、傷害を受けた結果、傷の治療が終わっても、障害が残るものをいいます。代表的なものはむち打ち症ですが、他に失明したり、手や指または足などを切断する場合があります。

治療を施せば完治する単なる傷害と異なり、後遺症が残ると今後の人生設計・社会生活に大きな支障をきたします。したがって後遺症によって生じる損害については、交通事故によって被った傷害についての損害とは別に、加害者に損害賠償の請求ができます。

最高裁判所も、交通事故で負傷し、損害賠償を求める訴訟を提起して加害者に対する損害賠償を認める判決を得たが、その後に予想外の後遺症が発生し、重度の障害が残って治療費がかかったケースについて、「予想できなかったような後遺症が生じた場合は、当初の損害に対する判決確定後の治療費についても損害賠償を請求できる」という立場をとっています。

### ■ 傷害についての賠償とは別に後遺障害についての賠償を請求する

人身事故で身体に受けた損害は、症状が固定するまでの傷害と、症状が固定してこれ以上治療を続けても症状の改善が望めない状態である後遺症（後遺障害）に分けられます。また、損害賠償の請求についても、治療費・休業損害・傷害分の慰謝料などの傷害に対する損害賠償請求と後遺症に対する損害賠償請求に分けられます。

後遺症に対する損害には、積極損害、逸失利益、慰謝料があります。症状固定後の治療費というのは原則として認められません。ただし、重度の後遺症が残った場合など、症状固定後も治療を施さないと症状が悪化する可能性がある場合には、症状固定後の治療費も積極損害として認められます。逸失利益は、後遺症が残ったことによって本来獲得できたはずの収入が減少する場合に請求できるものです。むち打ち症が残ったために長時間の労働が困難になった、片手を失ったために自動車の運転手ができなくなったといった場合がこれにあたります。慰謝料は、後遺症が残ったことから受ける精神的苦痛に対する賠償です。

## むちうち症の場合の損害賠償請求

事故の後遺症にもいろいろありますが、むち打ち症ほどやっかいなものはありません。ほとんどの場合、被害者の自覚症状を根拠に診断せざるを得ないのが現状です。自覚症状としては、頭痛・肩こり・耳鳴り・しびれ・倦怠感・吐き気などさまざまです。一般に専門医でも決定的な診断を下すことが、難しいと言われています。

後遺症としてむち打ち症を発症している場合、むち打ち症は神経症状が強く、治療が長期になりやすいので、入院や通院のために仕事を休んだことに対する休業補償は、一般の負傷の場合よりも被害者に有利に算出されます。また、むち打ち症のために労働能力が落ちたことによる逸失利益は、特有の等級をつけて算定されます。

ただし、本人の性格、回復への意欲など諸般の事情から判断して、本来ならもっと短期間で完治していたという場合には、過失相殺によって、損害賠償額が減額されることもあります。

## 重度の後遺症の場合は将来の介護料を請求する

後遺症についての損害賠償を請求するには、被害者の後遺障害が自

賠責保険で使用されている「後遺障害別等級表」(自動車損害賠償保障法施行令2条)の第何級に該当するのかを確定しなければなりません。

神経系統の機能または精神に著しい障害を残すほど後遺症の程度が重く、第1級や第2級などに該当する場合は、介護が必要となりますので、「介護料」を請求することができます。

介護を必要とする期間は、原則として被害者が亡くなるまでです。具体的には、厚生労働省が毎年1回発表する「簡易生命表」の平均余命を使用して死亡までの期間を算出します。介護費用については、介護のための付添人を雇う場合は実費全額、近親者の付添人の場合は1日あたり6000～8500円として計算します。

このようにして算出された介護料は、将来において必要となる経費を現時点で支払わせるものなので、利息分は控除されます。

なお、後遺症のために、階段に手すりをつけたり、バス、トイレ、玄関などをバリアフリーにするなど住居を改造する必要が生じた場合は、その改造に要する費用も請求できます。

## 慰謝料請求するときの支払基準について

後遺症が残った場合は、それによって被った精神的苦痛について慰謝料を請求できます。このとき、自賠責保険の基準よりも「弁護士会の後遺障害の慰謝料」を基準とするほうが、被害者に有利です。

さらに、被害者の障害が「重度後遺障害」の場合は、近親者(父母・配偶者・子)としての固有の慰謝料を請求できます。重度後遺障害とは、①両眼失明、②そしゃくと言語の機能(口の機能)の全廃、③その他身体の著しい障害(手、足の欠損など)などのことです。慰謝料の額は、被害者本人の金額の20～30%、被害者が幼児で一生介護が必要な場合などはそれ以上となっています。

# 7 死亡事故の場合の損害賠償について知っておこう

相続人以外の者でも慰謝料を請求できる

## 死亡した場合にはどうなる

　事故の被害者が死亡した場合、加害者に損害賠償を請求することができるのは被害者の相続人です。相続人となる組み合せは、①配偶者と子（胎児も含む）・孫などの直属卑属、②配偶者と父母・祖父母などの直系尊属、③配偶者と兄弟姉妹またはその子（被害者のおい・めい）です。さらに、死亡した被害者の配偶者・子・父母はそれぞれ自己の権利として、事故で被った精神的苦痛に対する慰謝料を請求することができます。

　損害については、①死亡するまでに費やした治療費や死亡後の葬儀費用などの積極損害、②逸失利益、③慰謝料の3つがあります。

　死亡事故の①積極損害とは、具体的にはa 死亡までの医療関係費、b 葬儀関係費、c 交通費などの雑費です。逸失利益は、生存していれば得られたであろう収入のことをいいます。被害者が死亡したときの収入や、定年退職までの残りの可働年数、被害者の年齢、性別など、個別に損害額を算定していく必要があります。

## 相続人が何人かいる場合の示談

　交通事故で死亡した者の相続人が妻だけとか子だけということはまれです。たいていの場合、相続人は何人かいるものです。そのような場合、誰が相手方との示談交渉を行ったらよいのでしょうか。相続人全員が集まって示談を行うということでもよいのですが、相続人同士で意見が異なる場合、なかなか示談交渉がまとまらなくなってしまいます。また、示談交渉のたびに異なる者が交渉にあたるというのも合

理的な方法ではありません。

そこで、実際のところは、死亡した者の配偶者や子、両親のうち、全員の話し合いで適当な者を選任し、相続人全員を代表してその人だけに交渉にあたってもらうのがよいでしょう。そして、損害賠償金が支払われた後の賠償金の管理についても、相続人間での各自の相続分が決まるまでは、その代表者が行うようにします。

代表者として適当な者がいない場合や、相続分をめぐって相続人どうしの争いがある場合は、弁護士に示談交渉のすべてを依頼するという方法もあります。

### 慰謝料を請求できる者は誰か

事故で死亡した者の相続人以外の者が慰謝料を請求できる場合もあります。判例でも相続人以外の者の請求を認めたものがあります。

たとえば、相続人以外の者として、内縁の配偶者が考えられます。内縁の配偶者について、判例は、内縁の夫が事故で死亡した場合に内縁の妻の加害者に対する慰謝料請求を認めています。また、留守がちな母親の代わりに孫の身の回りの世話をしてきた祖母について、孫が交通事故で死亡した場合の慰謝料請求を認めた判例もあります。

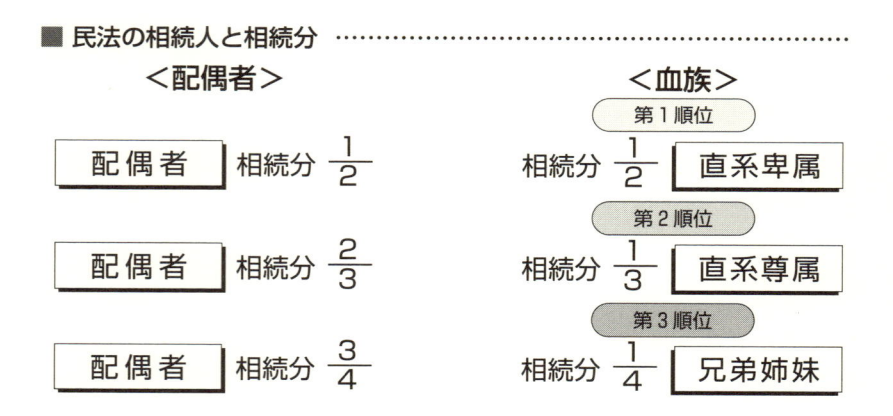

■ 民法の相続人と相続分

＜配偶者＞

| 配偶者 | 相続分 $\frac{1}{2}$ |
| 配偶者 | 相続分 $\frac{2}{3}$ |
| 配偶者 | 相続分 $\frac{3}{4}$ |

＜血族＞

第1順位　相続分 $\frac{1}{2}$　直系卑属

第2順位　相続分 $\frac{1}{3}$　直系尊属

第3順位　相続分 $\frac{1}{4}$　兄弟姉妹

## 8 死亡事故の場合の損害賠償額の支払基準を知っておこう

**逸失利益の計算方法をおさえておく**

### ■ 死亡するまでに払った費用

　交通事故がもたらす被害の中でも最も深刻なのが、死亡事故です。ただ、同じ交通事故死であっても、死亡までの経緯によって、遺族が加害者に請求できる損害賠償の内容に違いが生じてきます。

　交通事故が原因で死亡した経緯は、2つのパターンに分けることができます。1つは即死の場合で、もう1つは、手術や治療を試みたものの亡くなってしまった場合です。

　即死の場合であれば、運ばれた病院で生命活動が本当に停止したか確認することになるのでその際かかる費用が医療関係費になります。

　一方、入院して治療行為を受けた後に死亡したという場合、死亡に至るまでの傷害に対しての賠償額を計算することになります。つまり、治療費（手術代を含む）、入院費、付添看護をした場合には付添看護費、入院雑費、交通費など実際に支出した費用のほか、休業損害や慰謝料についても、即死の場合の損害賠償額に加算して請求することができるのです。

### ■ 葬儀費用などの諸費用も請求できる

　最近では、葬儀にかかる費用も一種の損害とみなして加害者に対する請求が認められています。

　葬儀費用とみなされる範囲ですが、まず、病院からの死体運搬費があります。また、火葬費、葬儀会社に支払った費用、自動車代、僧侶へのお布施などが葬儀費用に含まれます。ただ、香典返しについては、弔問客から受けた贈与へのお返しであり損害にはあたらず、加害者に

は請求できませんし、弔問客接待費についても請求できません。

実際の支払については自賠責基準では葬儀費は60〜100万円とされているため、それを超える費用については、加害者は任意保険または自腹で支払うことになります。

## 逸失利益はどうやって算出するか

一般的に逸失利益はかなりの高額となります。そのため、示談交渉においても被害者側と加害者側（保険会社）とで見解の相違を生じやすくなります。

逸失利益とは、被害者が事故にあわずに生きつづけていたら、67歳になるまでの間（就労可能年数）に取得したと推測される利益（収入）のことをいいます。この67歳という年齢は、裁判所や保険会社が一般の人が働いていられる年齢の上限として認めているものです。そのため、就労可能年数については争いにはなりません。

問題は、被害者の収入をいくらに見積もって計算するかです。被害者の収入の証明は請求をする相続人がしなければなりません。ですから、相続人は被害者が勤めている会社の協力を得るなどして証明のための資料を集めることになります。

逸失利益は以下のようにして算出します。

1　被害者の年収を出す

被害者の年収を割り出しますが、被害者の実際の年収を基礎として割り出す方法と、統計による平均的年収を基礎として割り出す方法があります。被害者によって従事していた職業もさまざまなので、給与所得者、個人事業者、家事従事者など、職種に応じて算定の方法が異なってきます。

① 公務員や会社員の場合

公務員や会社員の場合は、収入が比較的安定しておりかつ客観的な証明も可能なので、算出は容易です。被害者の勤務先の発行する源泉

徴収票や所得証明などで証明することになります。

退職金については、定年まで勤務すれば得られたであろう退職金額との差額を逸失利益として請求します。ただ、中間利息は控除することになります。定年退職後の収入については、退職時の収入の一定割合（50％〜70％）を基礎にして算出したり、67歳までの賃金センサスによって算出したりします。

② 自営業者や自由業の場合

被害者が自営業者の場合は、前年度額の確定申告額が算出の根拠となります。ただ、実際には、税務署への申告額以上の所得があった場合は、相続人が帳簿や領収書などを使ってそれを証明することになります。この点が、給与所得者と違って難しいところです。

③ 農漁業従事者の場合

農漁業従事者は、前年度の確定申告額によって証明します。

なお、農業従事者による農業所得の申告は、「収支計算」によって行います。収支計算は、実際の収入金額から必要経費を差し引いて所得を算出する方法です。

また、漁業従事者が確定申告をしていない場合などには、帳簿など

■ 逸失利益を算定する場合の流れ

```
┌─────────────────────────────────────┐
│     死亡した被害者の年収を算出          │
└─────────────────────────────────────┘
                 ↓
┌─────────────────────────────────────┐
│ 被害者の年間消費支出額（定型化されている）を算出 │
└─────────────────────────────────────┘
                 ↓
┌─────────────────────────────────────┐
│ 年収から年間消費支出額を差し引いて年間純利益を算出 │
└─────────────────────────────────────┘
                 ↓
┌─────────────────────────────────────┐
│ 被害者の就労可能年数（67歳になるまでの年数）を算出 │
└─────────────────────────────────────┘
                 ↓
┌─────────────────────────────────────────────────┐
│ 年間純利益に就労可能年数を掛ける（ライプニッツ式計算法によって中間利息を差引く） │
└─────────────────────────────────────────────────┘
```

収入を証明する書類があればそれを証拠としますが、そのような書類がないときは、漁業組合や網元の証明書などによって所得を証明することになります。

④　専業主婦の場合

被害者が専業主婦の場合は、女性労働者の賃金センサスによる「学歴計平均給与額」を使用して算出することになります。

2　被害者の年間消費支出を出す

生涯の収入が算出されても、それをそのまま請求することはできません。仮に生存していたら生活のために収入の一部を消費しているはずなので、その分は差し引かなければ不公平になるからです。客観化のために日本弁護士連合会（日弁連）の掲げる「年間収入に対する生活費控除の割合」によると、以下のようになります。

① 　一家の支柱（男児を含む）については30〜40％
② 　女子（女児、主婦を含む）については30〜40％
③ 　男子独身者については50％

3　年収から年間消費支出額を差し引いて、年間純利益を出す

4　被害者の就労可能年数（残存稼働年数＝死亡時の年齢から67歳までの年数）

被害者の年齢が67歳以上であったり、67歳に近い場合（55歳以上の者）は平均余命の2分の1とします。また、幼児や未成年者の場合は、18歳から67歳までの49年間とします。

5　年間純利益に就労可能年数をかけ、その合計額をライプニッツ式により計算（死亡年齢に該当する係数を掛ける）する

将来の収入を損害賠償金として一度に受け取ることになるので、単純に計算すれば、利子分だけは余分にもらうことになります。そこで、この利子分（中間利息といいます）を控除するため、裁判所では、「ライプニッツ式」によって、複利計算で年利5％分を控除しています。

## 9 死亡慰謝料はどのようにして算定するのか

**慰謝料については強制保険と任意保険では別の定め方をしている**

### ■ 精神的な苦痛の受け取り方は被害者により千差万別

　慰謝料とは、被害者が事故により被った精神的苦痛を金銭に見積もって、損害として算出したものです。慰謝料算出のための判断材料としては、被害者の年齢、収入、社会的地位、家族構成、経済的に家族に与える影響、死亡に至るまでの苦痛の程度などを総合的に考慮し判断します。しかし、これらの要素も被害者によってまちまちです。算出にあたっては、人によって見解の違いが生じやすく、示談交渉の場でも争いの元になりやすいものです。

　そこで、公平な損害賠償を実現するために、慰謝料を客観的に計算できるよう定額化するようになりました。

　慰謝料の定額化のため、日弁連の交通事故相談センターでは「交通事故損害額算定基準」を設定しています。この基準で提示されているのは、死亡者1名あたりについての金額で、死亡した者の年齢、家族構成などにより異なった金額を定めています。なお、慰謝料には、死亡した被害者本人の慰謝料（これを遺族が相続します）と遺族自身の慰謝料の両方が含まれているので注意して下さい。

① **死亡した者が一家の支柱の場合**

　一家の支柱とは「被害者の家庭が主に被害者の収入で生活をしていること」です。この場合の慰謝料は2600～3000万円となっています。

② **一家の支柱に準ずる者の場合**

　一家の支柱に準ずる者とは、家事をする主婦や養育が必要な子供をもつ母親、また、独身者でも高齢な父母や幼い弟妹を扶養したりしている者などです。慰謝料は、2300～2600万円です。

③ それ以外の場合

2000〜2400万円となります。

## 自賠責基準による死亡慰謝料

死亡事故が起こった場合の慰謝料の金額について、日弁連では上記①〜③のように支払額を定型化しています。一方自賠責でも死亡事故の基準が定型化されていて、死亡本人の慰謝料は350万円、遺族の慰謝料については請求権者の人数ごとに変わってきます。自賠責基準は日弁連基準より低く設定されているので、自賠責基準を超える死亡慰謝料については、加害者は任意保険もしくは自腹で支払わなければなりません。

## 被害者本人の慰謝料と遺族自身の慰謝料

被害者が死亡した場合、被害者本人の慰謝料は相続人が相続します。たとえば、夫が交通事故で死亡して妻と子が遺されたとすると、夫の慰謝料請求権は妻と子にそれぞれ相続されます。これとは別に、遺族自身にも固有の慰謝料請求権が認められています。死亡した被害者の父母または配偶者、子は、自分自身の精神的苦痛を理由に慰謝料を請求できるのです。

## 胎児が死亡した場合の慰謝料請求

妊娠している妻が交通事故にあって胎児が流産または死産に至った場合に、妻（胎児の母）に慰謝料の請求が認められることに問題はありません。しかし、夫（胎児の父）に慰謝料の請求が認められるかは判断が分かれています。東京地裁では、妊婦の夫にも慰謝料請求を認めています。おおよそ、妊娠3か月の場合で100万円、妊娠10か月で600万円〜800万円です。ただ、妻と夫の慰謝料合計額を限度として、妻と夫との配分を、2対1としています。

# 10 物損事故ではどこまで賠償されるのか

**自賠責保険では物損事故についての賠償はない**

## 物損事故について

　物損事故については、自賠責保険は適用されません。加害者が任意で車両保険などの対物賠償保険（107ページ）に加入している場合には、その保険が適用されます。車両について損害として認められるのは、以下のとおりです。

① 全損の場合

　車対車の事故で、相手側に事故の原因があり、自分の側にまったく落ち度がない場合は、こちらが被った損害額のすべてを相手に請求することができます。しかし、そのようなケースはまれです。たいてい、双方に落ち度があり、過失相殺（113ページ）の問題になります。

　車が修理不能な場合や修理が著しく困難な場合には、被害車両の事故当時の時価が損害として認められます。

② 修理が可能な場合

　被害車両が修理可能な場合には適正な修理費が損害として認められます。損害として認められる修理費の上限は、被害車両の時価です。被害車両の時価とは、事故当時のその車の取引価格のことです。

　事故車を修理した場合、車の評価額が下がるため、下取価額は大幅に下がります。これが評価損（格落ち損）です。評価損とは修理しても完全に原状回復できずに残る中古車市場における車両価格の減少分と考えておきましょう。評価損も損害として認められます。事故前の車の評価額から修理後の評価額を差し引いた額が、評価損となりますが、判例では修理費の1割〜3割程度を評価損として認めています。

## 人身傷害と物損が両方ある場合

　人身事故が起きた場合、被害者本人のケガのほかに被害者の持ち物が壊れたり、なくなったりすることがあります。自動車同士の事故であれば、事故を起こした自動車も損傷を受けているはずです。
　このような場合、被った損害を物質的な損害として、加害者に請求することができます。ただ、損害を被った事実関係を証明する必要がありますので、警察などによる事故処理が終わっても、示談が成立するまではその破損物を保管しておかなければなりません。
　加害者に請求できる損害額は、その物の購入時の価格、使用期間、使用状態などを考えあわせた上で、事故直前の時価を客観的に算定します。請求は、人身の損害賠償と同時に、加害者や保険会社に対してすることになります。保険会社の担当者が、人身傷害と物損とで異なる場合もありますので、注意してください。
　なお、おもな物損事故の損害は下図の通りです。

### ■ 物損事故の損害

| | | | |
|---|---|---|---|
| ① | 修 理 費 | | 原則として修理費実費。修理不能または修理費が被害車の時価額を超える場合は時価額 |
| ② | 評 価 損 | | 修理しても、事故前に比べると車両価値が減少する場合、その減少分が評価損となる |
| ③ | 代車使用料 | 代車使用料 | 事故によって修理または買替えが必要なため、代車を使用した場合はその使用料が認められる |
| | | 休車補償 | 営業用車両などで代替がきかない車両については、買替えまたは修理のために車両を使用できなかった期間に、車両を使用できたのであれば得ていたであろう純益を請求することができる |
| ④ | その他 | 着衣 | 事故当時着ていた服やメガネ（コンタクトレンズを含む）など |
| | | 雑費 | 車両の保管料、引き揚げ費用、査定費用、事故証明交付手数料、通信費など |
| | | 登録費用 | 車両の買替えにともない必要となる廃車費用、新規登録費用、納車費用、車庫証明費用、自動車取得税など |
| | | 家屋修繕費 | 事故によって店舗などが破壊された場合はその店舗の修繕費。修繕にともない店舗の営業に支障をきたす場合は、その分は営業損害となる。 |
| | | 積荷損害 | 事故車両に積んでいた商品や製品が滅失・毀損した場合はその損害額 |

損害賠償額の出し方　損害賠償額＝修理費①＋評価損②＋代車使用料③＋その他④

第5章

# 健康保険のしくみと利用法

# 1 健康保険のしくみはどうなっているのか

業務外の事故で負傷した場合に治療などを受けることができる

## ■ 健康保険とは何か

　社会保険の実務では、通常、労働者災害補償保険と雇用保険を労働保険と呼び、健康保険、厚生年金保険、介護保険などのことを**社会保険**と呼びます。健康保険と厚生年金保険は、給付の目的や内容が異なりますが、適用事業所など多くの部分で共通点があることから、健康保険と厚生年金保険の手続きをいっしょに行うケースが多くあります。

　健康保険を管理・監督するのは、全国健康保険協会または健康保険組合です。これを保険者といいます。これに対し、健康保険に加入する労働者を被保険者といいます。さらに、被保険者に扶養されている一定の親族（169ページ）などで、保険者に届け出た者を被扶養者といいます。健康保険は、被保険者と被扶養者がケガ・病気をした場合や死亡した場合、さらには分娩した場合に必要な保険給付を行うことを目的としています。健康保険の納付内容は、次ページの図の通りです。業務上の災害や通勤災害については、労災保険が適用されますので、健康保険が適用されるのは、業務外の事故（災害）で負傷した場合に限られます。

## ■ 健康保険は協会・健保組合が管理・監督する

　保険者である全国健康保険協会と健康保険組合のそれぞれの事務処理の窓口について確認しておきます。

① **全国健康保険協会の場合**

　全国健康保険協会が保険者となっている場合の健康保険を全国健康保険協会管掌健康保険（協会けんぽ）といいます。保険者である協会

は、被保険者の保険料を適用事業所ごとに徴収したり、被保険者や被扶養者に対して必要な社会保険給付を行ったりします。

手続きの種類によっては、全国健康保険協会の都道府県支部ではなく、年金事務所が窓口となって行われています。事務所は、地域ごとに担当が決まっています。この担当のことを「管轄」といいます。適用事業所を管轄する年金事務所を所轄年金事務所と呼びます。

協会管掌の健康保険の保険料率は、地域の医療費を反映した上で、都道府県ごとに保険料率（3～12％）が設定されます。40歳以上65歳未満の人には、健康保険料率に加えて介護保険料率がかかります。

② 健康保険組合の場合

健康保険組合が管掌する場合の健康保険を組合管掌健康保険といいます。組合管掌健康保険の場合、実務上の事務手続の窓口は健康保険組合の事務所になります。組合管掌健康保険に加入している事業所は

■ 健康保険の給付内容

| 種　　類 | 内　　容 |
|---|---|
| 療養の給付 | 病院や診療所などで受診する、診察・手術・入院などの現物給付 |
| 療養費 | 療養の給付が困難な場合などに支給される現金給付 |
| 家族療養費 | 家族などの被扶養者が病気やケガをした場合に被保険者に支給される診察や治療代などの給付 |
| 入院時食事療養費 | 入院時に行われる食事の提供 |
| 入院時生活療養費 | 入院する65歳以上の者の生活療養に要した費用の給付 |
| 保険外併用療養費 | 先進医療や特別の療養を受けた場合に支給される給付 |
| 訪問看護療養費 | 在宅で継続して療養を受ける状態にある者に対する給付 |
| 高額療養費 | 自己負担額が一定の基準額を超えた場合の給付 |
| 移送費 | 病気やけがで移動が困難な患者を医師の指示で移動させた場合 |
| 傷病手当金 | 業務外の病気やケガで働くことができなくなった場合の生活費 |
| 埋葬料 | 被保険者が業務外の事由で死亡した場合に支払われる給付 |
| 出産育児一時金 | 被保険者及びその被扶養者が出産をしたときに支給される一時金 |
| 出産手当金 | 産休の際、会社から給料が出ないときに支給される給付 |

年金事務所に届出などを提出することができません。健康保険組合の保険給付には、健康保険法で必ず支給しなければならないと定められている法定給付と、法定給付に加えて健康保険組合が独自に給付する付加給付があります。

## 被扶養者も健康保険の給付を受けられる

　健康保険の被保険者が配偶者や子供などの家族を養っている場合、その家族のことを「養われている者」ということで、被扶養者と呼びます。健康保険では被保険者の被扶養者についても被保険者と同じように保険の給付を受けることができます。

　健康保険において被扶養者になる人は、おもに被保険者に生計を維持されている者です。生計を維持されているかどうかの判断のおおまかな基準は、被扶養者の年収が130万円未満（60歳以上の者と障害者については180万円未満）で、被保険者の年収の半分未満であるかどうかです。被保険者と被扶養者がいっしょに暮らしていない場合は、被扶養者の年収が被保険者から仕送りしてもらっている額より少ないことも条件になります。たとえば、被保険者の子供が大学に通うために学校の近くにアパートを借りて住む場合などが考えられます。

　年収130万円が基準ですから、たとえば、パートタイマーとして働いている主婦（または主夫）に年収が150万円ほどある場合、勤め先で社会保険に加入していないとしても、夫（または妻）の被扶養者になることができません。

　被保険者の被扶養者となることができる親族については、あらかじめ範囲が決まっており、それ以外の者はたとえ現実に扶養されている場合であっても健康保険の被扶養者となることができません。

　なお、被扶養者には、①被保険者に生計を維持されていることだけが条件になる者と、②生計の維持と同居（同一世帯にあること）していることの2つが条件となる者の2通りがあります（次ページ）。

■ 健康保険の被扶養者の範囲

（図：健康保険の被扶養者の範囲を示す親族関係図。3親等・2親等・1親等の範囲内に、曾祖父母、祖父母、父母、伯父伯母・叔父叔母、兄弟姉妹、甥姪、配偶者、被保険者、子、孫、曾孫、兄姉、弟妹などが配置されている）

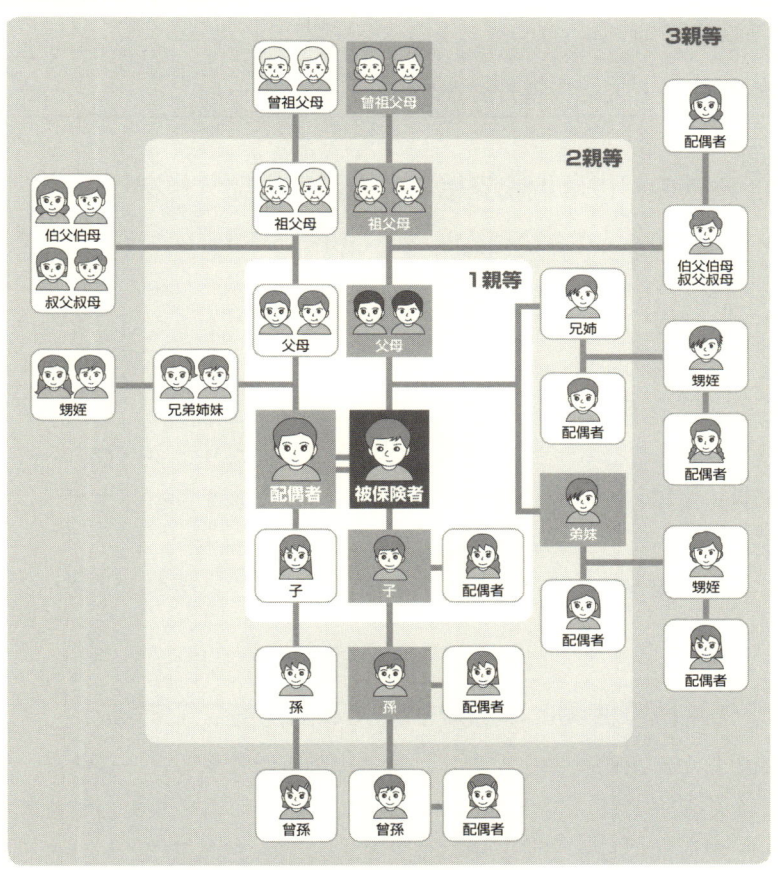

① 上図のうち、被保険者の直系尊族（父母や祖父母）、配偶者、子、孫、弟妹については、被保険者との間に「生計維持関係」があれば被扶養者として認められる
② 上図のうち、被保険者の3親等以内の親族で①に挙げた者以外の者については、被保険者との間に「生計維持関係」と「同一世帯」があれば被扶養者として認められる
（注）配偶者には、いわゆる内縁関係（事実婚関係）にある者も含む

## ② 療養の給付について知っておこう

> 現物給付としての療養の給付である

### ■ 療養の給付は現物支給で、自己負担部分がある

　業務外の病気、ケガなどについて、病院や診療所などで診察を受けたり、手術を受けたり、入院したりしたときに受けることができる給付です。また、保険薬局で薬を調剤してもらったときも給付を受けています。療養の給付は治療（行為）という現物により支給されます。

　しかし、治療費用のすべてが支給されるわけではなく、被保険者は診療を受けるごとに一部負担金を支払うことになります（170ページ）。一部負担金は、かかった医療費のうち、一定割合を負担します（定率負担）。

　なお、健康保険の療養の給付の範囲は次ページの図のようになっています。

### ■ 保険医療機関とは保険が使える医療機関である

　私たちがふだんケガをしたり、病気になったりすると、保険証（健康保険被保険者証、現在はカード形式になっている）をもって病院などの医療機関に行きます。そして、その病院などの窓口に、持参した保険証を提示して、必要な治療を受け、薬をもらいます。このときかかった病院などの医療機関が保険医療機関です。

### ■ 保険医療機関には3種類ある

　どの医療機関にかかるかは本人の自由ですが、すべての医療機関が保険医療機関であるわけではありません。

　また、保険医療機関にも次の3つの種類があります。

① **保険医療機関または保険薬局**

　都道府県知事の指定を受けた病院、医院、診療所、薬局などがあります。一般的に保険医療機関というと、この①のことをさします。①の保険医療機関または保険薬局は、全国健康保険協会管掌、組合管掌を問わず、健康保険の被保険者およびその被扶養者が利用することができます。

　なお、①の保険医療機関で保険診療に従事する医師は都道府県知事の登録を受けた保険医でなければならないことになっています。保険薬局も保険調剤に従事する薬剤師は都道府県知事の登録を受けた薬剤師でなければなりません。

② **特定の保険者が管掌する被保険者のための病院、診療所または薬局で、保険者が指定したもの**

　健康保険組合が管掌する事業主の直営病院や会社内の診療所がこの②にあたります。

③ **健康保険組合が開設する病院、診療所または薬局**

　健康保険組合が設営した医療機関で、その組合が管掌する被保険者とその被扶養者だけを保険診療の対象とします。

■ **療養の給付の範囲**

| | 範　囲 | 内　容 |
|---|---|---|
| ① | 診察 | 診断を受けるための各種の行為 |
| ② | 薬剤、治療材料の支給 | 投薬、注射、消耗品的な治療材料など |
| ③ | 処置、手術　その他の治療 | その他の治療とは、理学的療法、マッサージなど |
| ④ | 居宅における療養上の管理とその療養に伴う世話その他の看護 | 寝たきりの状態にある人などに対する訪問診療、訪問看護 |
| ⑤ | 病院または診療所への入院とその療養に伴う世話その他の看護 | 入院のこと。入院中の看護や食事の支給は入院診療に含まれる |

※業務災害・通勤災害による病気やケガの治療、美容整形、一般的な健康診断、正常な妊娠、出産などは療養の給付の対象とはならない

## ■ 療養費はやむを得ない場合の現金給付である

　健康保険では、病気やケガなどの保険事故に対して、療養という形で現物給付するのが原則です。しかし、保険者が療養の給付が困難であると認めたときや、被保険者が保険医療機関・保険薬局以外の医療機関・薬局で診療や調剤を受けたことにつきやむを得ないと認められたときは、療養費として現金給付が行われます。

## ■ 一部は自己負担しなければならない

　健康保険の被保険者やその被扶養者がケガや病気をして、病院や診療所などの医療機関等で保険診療として診察、治療などを受けた場合、かかった治療費などの一定の割合を自分で負担する必要があります。療養の給付にかかった費用のうちのこの自己負担分を一部負担金といいます。
　一部負担金の割合は、次のようになっています。
① 　義務教育就学前の者…2割
② 　義務教育就学後70歳未満の者…3割
③ 　70歳〜74歳…1割（現役並の所得がある者は3割）

## ■ 「現役並の所得」とはどの程度の所得を指すのか

　「現役並みの所得がある者」とは、会社員で協会けんぽや組合健保に加入している場合は標準報酬月額が28万円以上、自営業などで国民健康保険に加入している場合は住民税課税所得が145万円以上の場合です。ただし、年収が、単身世帯は383万円未満、2人以上世帯は520万円未満であれば、申請により非該当とすることができます。

## 3 保険外併用療養費について知っておこう

保険診療と保険外診療を併用した場合の給付

### 保険診療との併用がある場合に行われる給付

健康保険では、保険が適用されない保険外診療があると保険が適用される診療も含めて、医療費の全額が自己負担となるしくみとなっています（混合診療禁止の原則）。

ただし、保険外診療を受ける場合でも、厚生労働大臣の定める評価療養と選定療養については、保険診療との併用が認められています。具体的には、通常の治療と共通する部分（診察・検査・投薬・入院料など）の費用は、一般の保険診療と同様に扱われ、その部分については一部負担金を支払うこととなり、残りの額は保険外併用療養費として健康保険から給付が行われます。また、被扶養者の保険外併用療養費にかかる給付は、家族療養費として給付が行われます。

なお、介護保険法で指定されている指定介護療養サービスを行う療養病床などに入院されている患者は、介護保険から別の給付を受け取ることができます。そのため、二重取りにならないように、保険外併用療養費の支給は行われません。

### 評価療養と選定療養

評価療養とは、保険適用前の高度な医療技術を用いた医療や新薬など、将来的な保険適用を前提としつつ保険適用の可否について評価中の療養のことです。たとえば、薬価基準収載前の承認医薬品の投与、保険適用前の承認医療機器の使用、薬価基準に収載されている医薬品の適応外使用なども評価療養に含まれます。

一方、選定療養とは、個室の病室や、予約診療や、紹介状なしの大

病院受診、保険で認められている内容以上の医療行為など、患者本人が希望して受ける「特別な療養」のことです。200床以上の病院の未紹介患者の初診、200床以上の病院の再診、制限回数を超える医療行為、180日を超える入院、前歯部の材料差額、金属床総義歯、小児う触の治療後の継続管理などが選定医療に含まれます。

### 保険外併用療養費の具体例

たとえば、総医療費が120万円、うち先進医療についての費用が30万円だった場合、①先進医療についての費用30万円は、全額を患者が負担することになります（下図参照）。

一方、②通常の治療と共通する部分（診察、検査、投薬、入院料）については7割（63万円分）が保険給付として給付される部分になります。結局、30万円と27万円を合わせた57万円について、患者が自己負担することになります。

■ 保険外併用療養費が支給される範囲

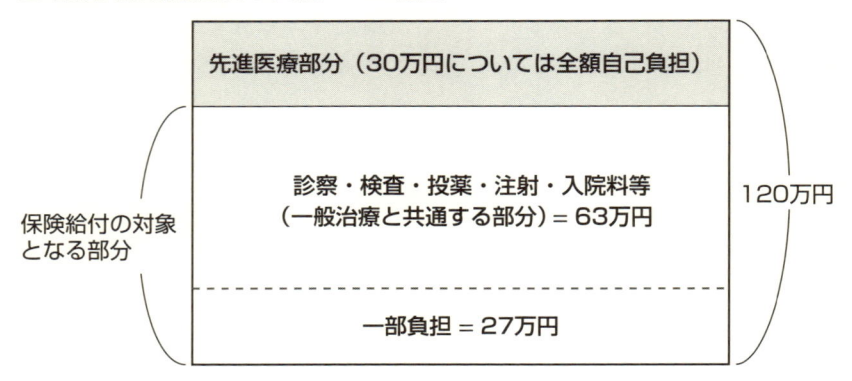

|  |  |
|---|---|
| 先進医療部分（30万円については全額自己負担） | |
| 診察・検査・投薬・注射・入院料等（一般治療と共通する部分）＝63万円 | |
| 一部負担＝27万円 | |

保険給付の対象となる部分

120万円

# ④ 高額療養費について知っておこう

**治療費が高額になったときの給付である**

## 高額療養費は高度医療の自己負担額をおさえる

　病院や診療所で医療サービスを受けた場合でも、医療費の一部については本人が負担するのが健康保険のしくみです。しかし、医学の著しい発展によって高い性能の治療具が開発されるなど、医療は日々高度化されています。そのため、長期入院や手術を受けた際の自己負担額が高額になることもあります。自己負担額が一定の基準額を超えた場合に被保険者に給付されるのが**高額療養費**です。

## 高額療養費は所得が低い人ほど手厚く支給される

　被保険者や被扶養者が同じ月に同じ病院などで支払った自己負担額が、高額療養費算定基準額（自己負担限度額）を超えた場合、その超えた部分の額が高額療養費として支給されます。高額療養費算定基準額は、一般の者、上位所得者、低所得者によって、計算方法が異なっています。上位所得者ほど自己負担額が高くなります。

　175ページ図の総医療費（療養に要した費用）とは、同じ月に同じ病院などで支払った医療費の総額です。「同じ月に同じ病院など」とは、暦月1か月内（1日から末日まで）に通院した同じ診療科であることが必要です。したがって、たとえ実日数30日以内であっても、暦月で2か月にまたがっている場合は「同じ月」とはいえません。

　また、同じ月で同じ病院に通院していたとしても、診療科が異なっている場合も対象外です。なお、同じ診療科でも入院・通院別に支給の対象になるかどうかを計算します。この場合、差額ベッド代や食事療養費、光熱費などは高額療養費の対象にはならないので注意が必要

です。高額療養費に該当するかどうかは領収書に記載されている一部負担額が保険内か保険外かを見て判断します。

## ■ どのような場合に世帯合算できるのか

高額療養費には世帯合算という制度があります。

世帯合算は、同一世帯で、同一の月1か月間（暦月ごと）に21,000円以上の自己負担額（70歳未満の場合）を支払った者が2人以上いるときに、それぞれを合算して自己負担額を超えた分が高額療養費として払い戻される制度です。世帯合算する場合もそれぞれの個人は同一医療機関で医療費を支払っていることが要件になります。

また、高額療養費には「多数該当」という自己負担限度額を軽減させる制度があります。具体的には、同一世帯で1年間（直近12か月）に3回以上高額療養費の支給を受けている場合は、

## ■ 高額介護合算療養費とは

介護保険は1割の本人負担でサービスを提供してもらうことができます。ただ、医療費に加えて介護保険の費用を負担とするとなると、高額の負担を伴うケースも生じます。

そのため、毎年8月から1年間にかかった医療保険と介護保険の自己負担額の合計が一定の基準額（75歳以上の世帯で所得が一般の場合56万円）を超える人に対してはその超える分（高額介護合算療養費）を支給する制度が用意されています。

自己負担限度額は、世帯の年齢構成や所得区分によって異なります。

一般の世帯で、後期高齢者医療制度の場合は56万円、その他の場合で70歳～74歳の方がいる世帯は56万円、70歳未満の方がいる世帯は67万円となります。上位所得者（現役並み所得者）は、後期高齢者医療制度の場合は67万円、その他の場合で70歳～74歳の方がいる世帯は67万円、70歳未満の方がいる世帯は126万円となります。また、住

民税非課税世帯については、別途自己負担額が低めに設定されています。

　健康保険に加入している場合、高額介護合算療養費を受給するためには市区町村の窓口で介護保険の自己負担額証明書の交付を受け、それを添付して管轄の全国健康保険協会の都道府県支部に申請する必要があります。国民健康保険や長寿医療制度に加入の場合は、市区町村の窓口でまとめて行うことができることがあります。

### ■ 医療費の自己負担限度額

● 1か月あたりの医療費の自己負担限度額（70歳未満の場合）

| 被保険者の区分 | 医療費の負担限度額（外来・入院） |
| --- | --- |
| 上位所得者（標準報酬月額53万円以上） | 150,000円+（総医療費−500,000円）×1%〈83,400円〉 |
| 一般 | 80,100円+（総医療費−267,000円）×1%〈44,400円〉 |
| 低所得者（市区町村民税非課税世帯） | 35,400円〈24,600円〉 |

※同一世帯で1年間に3回以上高額療養費の支給を受けている場合は限度額は、〈〉内の金額になる

● 1か月あたりの医療費の自己負担限度額（70～74歳の場合）

| 被保険者の区分 | 医療費の負担限度額 | |
| --- | --- | --- |
| | 外来 | 外来入院 |
| 一定以上所得者 | 44,400円 | 80,100円+（総医療費−267,000円）×1%〈44,400円〉 |
| 一般 | 12,000円 | 44,400円〈44,400円〉 |
| 低所得者2（市区町村民税非課税世帯） | 8,000円 | 24,600円〈24,600円〉 |
| 低所得者1（所得が一定水準に満たない者） | 8,000円 | 15,000円〈15,000円〉 |

※同一世帯で1年間に3回以上高額療養費の支給を受けている場合は限度額は、〈〉内の金額になる

# 5 傷病手当金について知っておこう

> 3日間の待期期間が必要である

## ■ 傷病手当金は業務外の病気やケガに支給される

　労働者（被保険者）が業務外の病気やケガで働くことができなくなり、その間の賃金を得ることができないときに、健康保険から傷病手当金が支払われます。

　傷病手当金の給付を受けるためには、療養のために働けなくなり、その結果、連続して3日以上休んでいたことが要件となります。「療養のため」とは、療養の給付を受けたという意味ではなく、自分で病気やケガの療養を行った場合も含みます。「働くことができない」状態とは、病気やケガをする前にやっていた仕事ができないことをさします。「軽い仕事だけならできるが以前のような仕事はできない」という場合にも、働くことができない状態にあたります。

## ■ 支給までには3日の待期期間がある

　傷病手当金の支給を受けるには、連続して3日間仕事を休んだことが要件となりますが、この3日間はいつから数える（起算する）のかを確認しておきます。

　3日間の初日（起算日）は、原則として病気やケガで働けなくなった日になります。たとえば、就業時間中に業務とは関係のない事由で病気やケガをして働けなくなったときは、その日が起算日となります。また、就業時間後に業務とは関係のない事由で病気やケガをして働けなくなったときは、その翌日が起算日となります。

　休業して4日目が傷病手当金の支給対象となる初日です。それより前の3日間については傷病手当金の支給がないため、「待期の3日間」

と呼ばれています。待期の3日間には、会社などの公休日や有給休暇も含みます。また、この3日間は必ず連続している必要があります。

## 傷病手当金は1年6か月まで支給される

　傷病手当金の支給額は、1日につき標準報酬日額の3分の2相当額です。ただ、会社などから賃金の一部が支払われたときは、傷病手当金と支払われた賃金との差額が支払われます。

　標準報酬日額とは、標準報酬月額の30分の1の額です。傷病手当金の支給期間は1年6か月です。これは、支給を開始した日からの暦日数で数えます。たとえば、4月11日分から傷病手当金をもらっている場合であれば、翌年の10月10日までの1年6か月間が最長の支給期間ということになります。1年6か月間のうち、実際に傷病手当金が支給されるのは労務不能による休業が終わるまでの期間です。

　なお、被保険者期間が1年以上あり、会社を退職した日に傷病手当金を受けている、または受けられる状態であるときは、退職後も受給期間が満了するまで傷病手当金を受けることができます。

■ 傷病手当金の支給期間

| 待期期間 | 傷病手当金受給 | 出勤 | 傷病手当金受給 | 欠勤 |
|---|---|---|---|---|
| 支給開始日 4/11 | | | 翌年 10/10 | |

出勤して通常の賃金をもらった日については傷病手当金が支給されない

この日まで傷病手当金をもらうことができる

10/10以降は同一の傷病について傷病手当金をもらえない

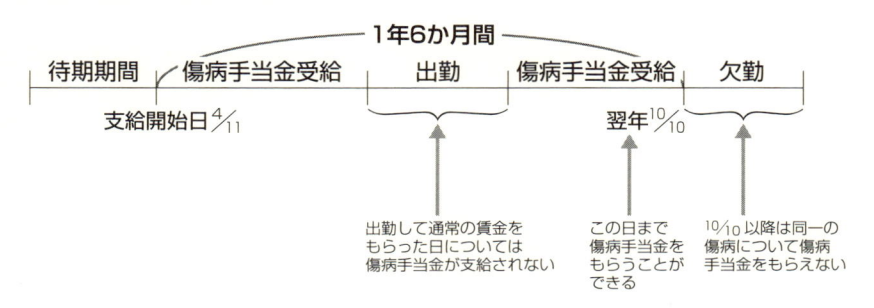

# ⑥ 入院時食事療養費・生活療養費について知っておこう

## 入院に伴い食事の提供を受けたときの給付

### ■ 入院中の食事の提供を受けることができる

　病気やケガなどをして入院した場合、診察や治療などの療養の給付（現物給付）のほかに、食事の提供を受けることができます。この食事の提供（現物給付）としての保険の給付を**入院時食事療養費**といいます。

　ただし、後期高齢者医療給付における入院時食事療養費を受けることができる者には、同法による給付があるため、健康保険からの支給は行われません。また、同じように介護保険法に規定する指定介護療養施設サービスを行う療養病床等に入院中の者に対しても、健康保険からは支給されません。

### ■ 1食あたり260円は自己負担となる

　入院時食事療養費の給付を受けた場合、原則として1食あたり260円の自己負担額を支払う必要があります。これを標準負担額といいます。なお、標準負担額については、右図のような住民税非課税者などへの減額措置が設けられています。

### ■ 被扶養者には家族療養費が支給される

　被保険者の被扶養者が病気やケガをして、保険医療機関で療養を受けたときは、**家族療養費**が給付されます。

　家族療養費は被保険者が受ける療養の給付、療養費、特定療養費、入院時食事療養費を一括した給付です。そのため、現物（治療行為など）で給付を受けるもの（現物給付）と現金で給付を受けるもの（現

金給付）とがあります。内容は、被保険者が受ける給付とまったく同じです。

また、自己負担額（被保険者が負担する部分）も被保険者と同じように、義務教育就学後70歳未満の者については3割、義務教育就学前の者は2割、70歳以上の者は1割（一定以上の所得者については3割）となっています。

なお、一定以上の所得者とは、70歳に達する日の属する月の翌月以後にある被保険者で、療養を受ける月の標準報酬月額が28万円以上である者の被扶養者（70歳に達する日の属する月の翌月以後にある被扶養者に限る）です。ただし、標準報酬月額が28万円以上の者であっても年収が一定額以下の場合には申請により負担割合が1割となります。

### 家族療養費が支給されない者もいる

後期高齢者医療給付を受けることができる者には家族療養費の支給は行いません。また、介護保険法に規定する指定介護療養施設サービスを行う療養病床等に入院中の者にも家族療養費が支給されません。

■ 食事療養についての標準負担額

| | 対象者区分 | 標準負担額（1食あたり） |
|---|---|---|
| 1 | 原則 | 260円 |
| 2 | 市区町村民税の非課税対象者等で減額申請の月以前12か月以内に入院日数90日以下の者 | 210円 |
| 3 | 2の者で減額申請の月以前12か月以内に入院日数が90日を超える者 | 160円 |
| 4 | 70歳以上の低所得者 | 100円 |

## 入院時生活療養費とは

　介護保険が導入され、要介護認定された方はさまざまな介護サービスを受けることができるようになりました。一方で入院患者は、症状が重い間は、医師や看護婦により十分な看護を受けていますが、ある程度症状安定し、リハビリが必要となる段階で、看護が少なくなり、65歳以上の高齢者は介護を受けながら生活するようになります。そこで、介護保険との均衡の観点から、入院する65歳以上の方の生活療養に要した費用について、保険給付として**入院時生活療養費**が支給されることになりました。

　入院時生活療養費の額は、生活療養に要する平均的な費用の額から算定した額をベースに、平均的な家計における食費及び光熱水費など、厚生労働大臣が定める生活療養標準負担額を控除した額、となっています。この生活療養標準負担額は、低所得者は軽減されています。

■ 入院時の生活療養について患者が負担する標準負担額

| 区　分 | 食費についての患者の負担額 | 居住費についての患者の負担額 |
| --- | --- | --- |
| ①　一般の被保険者で、栄養管理などの面で厚生労働大臣の定める保健医療機関に入院している者 | 1食につき460円 | 1日につき320円 |
| ②　一般の被保険者で、①以外の保険医療機関に入院している者 | 1食につき420円 | |
| ③　区市町村民税非課税者（低所得者Ⅱ） | 1食につき210円 | |
| ④　年金額80万円以下などの者（低所得者Ⅰ） | 1食につき130円 | |

# 7 訪問看護療養費と移送費について知っておこう

自宅で療養する者への訪問看護サービスである

## 訪問看護療養費とは

　在宅で継続して療養を受ける状態にある者について、健康保険の給付の対象となります。これを**訪問看護療養費**といいます。訪問看護療養費は、かかりつけの医師の指示に基づき、指定訪問看護事業者（訪問看護ステーションに従事する者）の看護師等による訪問看護サービスの提供を受けたときに支給されます。

　指定訪問看護事業者とは、厚生労働大臣の定めた基準などに従い、訪問看護を受ける者の心身の状況などに応じて適切な訪問看護サービスを提供する者です。厚生労働大臣が認定し、地方社会保険事務局長の指定を受けた事業者で、医療法人や社会福祉法人などが指定訪問者看護事業者としての指定を受けています。

## 支給要件はどうなっているのか

　訪問看護療養費は、次ページの図の①、②に該当し、かつ保険者が必要と認めた場合に限って支給されます。たとえば、末期ガン、筋ジストロフィー・脳性まひなどの重度障害、難病、脳卒中などの場合の在宅療養が対象となります。

## 自己負担部分もある

　訪問看護サービスを受けた場合、被保険者は厚生労働大臣の定めた料金の100分の30の額を負担する他、訪問看護療養費に含まれないその他の利用料（営業日以外の日に訪問看護サービスを受けた場合の料金など）も負担します。

### ■ 転院時のタクシー代などが支給される

　現在かかっている医療機関の施設や設備では十分な診察や治療が受けられないようなケースにおいて、患者が自力で歩くことが困難なときは、タクシーなどを使って、移動する必要があります。医師の指示によって、緊急に転院した場合などのように、転院にともなって必要になるタクシー代などの移動費について、健康保険から給付を受けることができます。これを**移送費**といいます。移送費は現金給付です。いったんタクシー代などの移送費を自分で支払い、後で、移送費相当額の給付を受けることになります。

　移送費は原則として保険者（届出先は社会保険事務所または健康保険組合）による事前承認が必要になります。ただ、緊急を要するなどのやむをえない事情がある場合は事後承認でもかまいません。

### ■ 支給額は合理的な経路による場合の運賃全額

　移送費として受けることができる額は、低廉かつ通常の経路および方法によって移送した場合の運賃になります。

　なお、医師が医学的に必要だと認める場合は、医師や看護師などの付添い人（1人だけ）にかかった交通費も移送費として支給されます。

■ 訪問看護療養費の支給要件

**支給要件**
①病状が安定していること

②在宅療養において、かかりつけの医師が、看護師、保健師、助産師、準看護師、理学療法士、作業療法士および言語聴覚士が療養上の世話および診療の補助をすることを認めて、指示していること

# 8 死亡した場合に給付が行われる

自殺した場合にも支給される

## ■ 被保険者が死亡すると遺族に埋葬料が支給される

　被保険者が業務外の事由で死亡した場合に、その被保険者により生計を維持されていた人で埋葬を行う人に対し**埋葬料**が支払われます。埋葬料は、被保険者が自殺した場合にも支払われます。

　「被保険者により生計を維持されていた人」とは、被保険者である親が死亡した場合の子などです。ただ、民法上の親族や遺族でない者でも、同居していない者であってもかまいません。また、生計の一部を維持されていた人も含みます。健康保険の被扶養者である必要はありません。

　「埋葬を行う人」とは、常識的に考えて埋葬を行うべき人をいいます。たとえば、被保険者の配偶者や子がこれにあたります。被保険者の配偶者や子がいない場合は、被保険者の兄弟姉妹やその他親戚の者などです。

　埋葬料の額は、標準報酬月額にかかわりなく一律5万円です。

　埋葬料を請求するときは、「健康保険埋葬料請求書」という書式が用意されていますので、内容を記載し、死亡診断書などを添付して保険者に提出します。このとき、健康保険被保険者資格喪失届と被保険者の健康保険証（被扶養者分も含む）も一緒に提出することになります。

　被扶養者分も含めて健康保険証を保険者に返還するということは、それ以降、健康保険からの給付が受けられないということです。これは、被保険者が死亡した時点で、被扶養者としての権利も消滅してしまうからです。

### ◼ 身寄りのない者のときは埋葬者に支給される

　身寄りのない1人暮らしの被保険者が死亡したときのように、被保険者と生計維持関係にあった者がいないため、埋葬料を受ける者がいない場合は、実際に埋葬を行った者に埋葬費が支給されます。被保険者と離れて暮らしている被保険者の子、父母、兄弟姉妹や、友人、会社の同僚、町内会の代表などが埋葬を行った場合も該当します。
　埋葬費の額は、埋葬料の金額の範囲内で、実際に埋葬に要した実費相当額です。費用には霊柩車代、霊前供物代、僧侶謝礼、火葬料などが含まれますが、参列者の接待費用や香典返しなどは含まれません。

### ◼ 被扶養者が死亡したら家族埋葬料が支給される

　被扶養者が死亡したときは、被保険者に対して家族埋葬料が支給されます。家族埋葬料の支給額は一律5万円です。死産児は家族埋葬料の支給の対象にはなりません。請求方法は埋葬料の場合と同じです。

■ 死亡した場合の給付

死亡したとき
- 被保険者の死亡……5万円（埋葬料）
- 被扶養者の死亡……被保険者に対して5万円支給（家族埋葬料）

# ⑨ 業務以外で負傷・病気をしたときに手当金を受けるための手続き

休業1日につき標準報酬日額の3分の2の額が支給される

## ■ 休業1日につき標準報酬日額の3分の2の額を受給できる

　私傷病（業務以外でのケガや病気）による療養のため働くことができず給料を受けられないときは、休業1日につき標準報酬日額の3分の2の額が支給開始日から最大で1年6か月間支給されます。

【請求手続】
　傷病手当金支給申請書を提出します。提出先は、事業所を管轄する全国健康保険協会の都道府県支部または会社の健康保険組合です。

【添付書類】
① 　1回目の支給申請の際に賃金台帳と出勤簿が必要です。
② 　役員の場合は、「報酬を支払わない」とした旨が記載してある取締役会議事録が必要になります。

【ポイント】
　病院などで診察を受けずに自宅で療養する場合もあるでしょう。このような場合であっても傷病手当金を請求することができます。ただ、病院にかからなかった理由などを記入した申立書の添付を求められる場合があります。
　健康保険を使わず自費で診察を受けた場合であっても傷病手当金は支給されますが、健康保険が使えない美容整形などについては支給されません。
　療養のため休業した日数が連続して3日間あることが必要です（この3日間を「待期期間」といいます）。支給期間の1年6か月とは、傷病手当金が支給される実日数ではなく、支給を開始した日からの暦日数で数えます。たとえば、4月11日分から傷病手当金をもらってい

る場合であれば、翌年の10月10日までの1年6か月間が最長の支給期間ということになります。1年6か月間のうち、実際に傷病手当金をもらえるのは労務不能(働くことができないこと)による休業が終わるまでの期間です。

被保険者期間が1年以上あり、会社を退職した日に傷病手当金を受けている、または受けられる状態であるときは、退職後も受給期間が満了するまで傷病手当金を受けることができます。しかし休み始めて3日目に退職した場合は、待期の3日間は連続しても、傷病手当金を受け得る状態となっていませんので、退職後の傷病手当金は支給されません。

負傷の原因が交通事故など第三者の行為によるものであるときは、傷病手当金請求書に加えて別に「第三者の行為による傷病届」を添付して下さい。ケガなどの場合は、負傷原因についての届(負傷原因届)を添付する必要があります。

老齢年金や障害年金を受けている人は、支給調整が行われ、傷病手当金は、全額支給されません。

■ **傷期の3日間(待期の完成)**

| | 3/1 | 3/2 | 3/3 | 3/4 | 3/5 | 3/6 | 3/7 | 3/8 | 3/9 | 3/10 |
|---|---|---|---|---|---|---|---|---|---|---|
| ① | 出 | 休 | 出 | 休 | 休 | 出 | 出 | 休 | 休 | 出 |

| | 4/5 | 4/6 | 4/7 | 4/8 | 4/9 | 4/10 | 4/11 | 4/12 | 4/13 | 4/14 |
|---|---|---|---|---|---|---|---|---|---|---|
| ② | 出 | 休 | 出 | 休 | 休 | 休 | 休 | 休 | 休 | 休 |

休業した日が連続3日間なければ待期期間が完成しない
①では、連続した休業が2日しかないため、待期期間は完成しない
②では、4月8日、4月9日、4月10日と連続した休業が3日間あるので4月10日に待期が完成、4月11日から支給される

## 書式　健康保険傷病手当金請求書

**健康保険傷病手当金支給申請書（第　　回）**

届書コード: 6 3 1

- 被保険者証の記号・番号: 71010203-117
- 被保険者の生年月日: 5:昭和 / 7:平成　58 0304
- 届書種別: 01
- 受付年度: 平成

被保険者（申請者）の氏名と印: （フリガナ）シモヤマ　ジロウ　下山　二郎　㊞
被保険者の資格を取得した年月日: 昭和・平成 19年4月1日
あなたのお仕事の具体的内容: プログラマー

被保険者（申請者）の住所: 〒108-0001　東京都　港区芝町2-3-4　電話 03(6543)2109

傷病名:
1) 左足首骨折　初診日: 221117
2)
3)

第三者行為によるものですか: いいえ ☑

発病時の状況を詳しく（負傷の場合は右面の⑳を記入してください）: 11月17日私用で外出中、道路の側溝に足を踏みはずし、足首を強打した。

療養のため休んだ期間（申請期間）: 平成22年11月18日から　平成22年11月30日まで　13日間

上記㋑の療養のため休んだ期間（申請期間）の報酬を受けましたか。または今後受けられますか。
☑ 受けた　□ 受けない　□ 今後受ける　□ 今後も受けない

上記で「受けた」（今後受ける）と答えた場合、その報酬の額と、その報酬支払の基礎となった（なる）期間を記入してください。
平成22年11月18日から　平成22年11月24日まで　40,000円

「障害厚生年金」または「障害手当金」を受給していますか。受給している場合、どちらを受給していますか。
□ はい　☑ いいえ　□ 請求中
□ 障害厚生年金　□ 障害手当金

資格喪失した方で、その後も継続して傷病手当金を申請する場合、老齢または退職を事由とする公的年金を受給していますか。
□ はい　☑ いいえ　□ 請求中

労災保険から休業補償給付を受けている期間の傷病手当金の申請ですか。
□ はい　☑ いいえ　□ 労災請求中

次ページに振込希望口座記入欄があります。必ず記入してください。

全国健康保険協会

## 振込希望口座

| | | |
|---|---|---|
| 支払区分 | 1 金融機関 | |
| | 金融機関コード | ＡＢＣ　／　銀行・金庫・信組・信連・信漁連・農協・漁協　／　港　／　店・本店・支店・出張所／本所・支所・本店・支店 |
| | 預金種別（1:普通 4:通知 2:当座 5:貯蓄 3:別段）　口座番号 1234567 | 口座名義（フリガナ）シモヤマ　ジロウ　下山 二郎 |

## 受取代理人の欄

給付金に関する受領を代理人に委任する（申請者名義以外の口座に振込を希望される）場合に記入してください。

本申請書に基づく給付金に関する受領を代理人に委任します。　　平成　　年　　月　　日

- 被保険者（申請者）住所／氏名　㊞
- 代理人の氏名と印（フリガナ）　　㊞　　委任者と代理人との関係
- 代理人の住所（〒　－　）　電話（　　）

## 負傷原因記入欄　初回申請時のみ記入してください。

⑦ 負傷の原因について記入してください。（該当する□にチェック（☑）してください。）

### [負傷日時・場所等]

1. いつケガ（負傷）をしましたか。
   平成 22 年 11 月 17 日（水 曜日）
   □午前・☑午後　2 時 20 分頃

2. ケガ（負傷）をした日は次のうちどの日でしたか。
   □出勤日・☑休日（定休日・休暇含む）
   □その他（　　　　　）

3. ケガ（負傷）をした時は次のうちどの時間帯でしたか。
   □勤務時間中・□通勤途中・□出勤・□退勤
   □出張中・☑私用・□その他（　　）

4. ケガ（負傷）をした場所はどこでしたか。
   □会社内・☑道路上・□自宅
   □その他（　　　　　　）

5. ケガをした原因で次にあてはまる場合があります。
   □交通事故・□暴力（ケンカ）
   □スポーツ中（□職場の行事・□職場の行事以外）
   □動物による負傷（飼い主　□有・□無）
   ☑あてはまらない

6. 「上記5」にあてはまる原因がある場合、あなたは被害者ですか、加害者ですか。
   相手　□有　→　□あなたは被害者　□あなたは加害者
   　　　□無
   ※相手のいる負傷の場合は、「第三者の行為による傷病届」が必要となります。

### [受診した医療機関]

7. 診察を受けた医療機関名とその期間等
   医療機関名　港 総合病院
   平成22年11月 ～ 平成22年12月　☑治療・□治療中
   医療機関名
   平成　年　月 ～ 平成　年　月　□治療・□治療中

8. 負傷したときの状況（原因）を具体的に記入してください。

   有給休暇を取得したので、散歩をしていたところ、よそ見をした際に側溝に足を踏みはずし、左の足首を強打した。

9. 被保険者が代表取締役等役員の方の場合
   労災保険に特別加入していますか。□加入有・□加入無

---

社会保険労務士の提出代行者印　㊞　　平成　年　月　日提出／受付日付印

次ページに事業主証明欄、療養担当者証明欄があります。

労務に服することができなかった期間を含む賃金計算期間の勤務状況および賃金支払状況等を記入してください。

| | 勤務状況（出勤は○で、有給は△で、公休は公で、欠勤は／でそれぞれ表示してください。） | 出勤 | 有給 |
|---|---|---|---|
| 22年11月 | ①②公④⑤公⑧⑩⑪⑫公⑮△△公⑲⑳公㉒㉓㉔㉕㉖公㉘㉙公 計 | 18日 | 3日 |
| 22年12月 | ①②③公⑥⑦公⑨⑩公⑬⑭⑮⑯⑰公⑳㉑㉒㉓㉔公㉖㉗㉘㉙㉚㉛ 計 | 14日 | 0日 |
| 年 月 | 1 2 3 4 5 6 7 8 9 10 11 12 13 14 15 16 17 18 19 20 21 22 23 24 25 26 27 28 29 30 31 計 | 日 | 日 |

労務に服することができなかった期間に対して、賃金を支給しました（します）か？
☑はい・□いいえ

労務に服することができなかった期間を含む賃金計算期間の賃金支給状況を下欄に記入してください。

| 期間 区分 | 単価 | 10月21日～11月20日分 支給額 | 11月21日～12月20日分 支給額 | ～　月　日分 支給額 |
|---|---|---|---|---|
| 基本給 | 200,000 | 200,000 | 140,000 | |
| 通勤手当 | 20,000 | 20,000 | 20,000 | |
| 住居手当 | | | | |
| 扶養手当 | | | | |
| 　　手当 | | | | |
| 　　手当 | | | | |
| 現物給与 | | | | |
| 計 | | 220,000 | 160,000 | |

給与の種類（○で囲んでください）
月給・日給・日給月給・時間給・歩合給・その他
締日 20日
支払日 当月 25日

●賃金計算方法（欠勤控除計算方法等）について記入してください。
欠勤控除額
12月分
200,000円÷20日×6日
＝60,000円

上記のとおり相違ないことを証明します。　平成22年12月28日
担当者氏名　上本 和夫
事業所所在地　東京都大田区蒲田1－2－3
事業所名称　東西ソフトウェア株式会社
事業主氏名　代表取締役　東田三郎　㊞　電話 03（3721）0123

「初回申請分」には、労務に服することができなかった期間を含む賃金計算期間とその期間前1ヵ月分の賃金台帳と出勤簿（タイムカード）の写しを添付してください。

| 患者氏名 | 下山　二郎 | | |
|---|---|---|---|
| 傷病名 | (1) 左足首骨折 (2) (3) | 療養の給付開始年月日（初診日） | (1) 22年11月17日 (2)　年　月　日 (3)　年　月　日 |

発病または負傷の年月日　平成22年11月17日　発病・負傷
発病または負傷の原因　左足首強打

労務不能と認めた期間　22年11月18日から　22年11月30日まで　13日間
うち入院期間　　年　月　日から　　年　月　日まで　　日間
療養費用の別　健保・自費・公費・その他
転帰　治癒・繰越・中止・転医

診療実日数 5日　診療日を○で囲んでください。
11月　1 2 3 4 5 6 7 8 9 10 11 12 13 14 15 16 17 ⑱ ⑲ ⑳ ㉑ ㉒ ㉓ ㉔ ㉕ 26 ㉗ 28 ㉙ ㉚ 31
12月　1 2 3 4 5 6 7 8 9 10 11 12 13 14 15 16 17 18 19 20 21 22 23 24 25 26 27 28 29 30 31

の期間中における「主たる症状および経過」「治療内容、検査結果、療養指導」等（詳しく）
左足首を骨折し、11/17初診　左足首をギブスで固定。
固定後リハビリが必要

症状経過からみて従来の職種について労務不能と認められた医学的な所見
骨折した部位が固定するまで安静が必要で、
固定後もリハビリが必要であったため、労務不能と判断した。

手術年月日　平成　年　月　日
退院年月日　平成　年　月　日

人工透析を実施または人工臓器を装着したとき
人工透析を実施または人工臓器を装着した日　昭和・平成　年　月　日
人工臓器等の種類　ア．人工肛門　イ．人工関節　ウ．人工骨頭　エ．心臓ペースメーカー　オ．人工透析　カ．その他（　　　）

上記のとおり相違ありません。　平成22年12月3日
医療機関の所在地　東京都港区芝町1－1－1
医療機関の名称　港 総合病院
医師の氏名　三田 太郎　㊞　電話 03（6767）0101

## 10 高額の医療費を支払ったときの届出

自己負担額が一定額を超えた場合、超えた分が支給される

### ■ 入院や手術などによる場合が多い

　健康保険の被保険者や被扶養者が医療を受ける場合、医療費の3割を負担します。入院したり手術したりすると、自己負担の金額も高額となり、家計を圧迫します。そこで所得に応じて、自己負担額が一定の基準額を超えた場合は、その超えた分が返還されます。

【請求手続】
　暦月の1か月ごと、診療科目ごとに、年齢と所得に応じて定められた金額を超えて自己負担額を支払ったときは、「健康保険被保険者高額療養費支給申請書」をすみやかに協会けんぽ又は、健保組合に提出します。

【添付書類】
　各医療機関での領収書が必要です。

【ポイント】
　同一月に同一世帯で複数の人が高額の医療費を支払った場合、家計への影響が大きいため、世帯で合算して計算されます。同一世帯の人はまとめて1枚の申請書に記載します。

【参考】
　高額療養費は、70歳未満と70歳以上とに分け、さらに所得に応じて上位所得者、一般、低所得者（70歳以上の場合は区分が異なる）に分けて基準額が設定されています。また直前12か月で3回以上高額療養費が支給されるときは、4回目からは基準額が引き下げられます。なお、高額療養費が現物給付される場合があります。その場合は、窓口では高額療養費算定基準額まで支払えばよいことになります。

## 書式 健康保険被保険者高額療養費支給申請書

| 届書コード | | |
|---|---|---|
| 6 | 3 | 8 |

健康保険 被保険者・被扶養者・世帯合算 高額療養費支給申請書（第 1 回目）⦿入院・通院

※支給決定まで、診療月後3ヵ月以上かかります。

| ㋐ 被保険者証の記号・番号 | ㋑ 被保険者の生年月日 | 届書種別 | 受付年度 | 通番 | グループ |
|---|---|---|---|---|---|
| 6 5 0 1 0 2 0 3 - 1 2 | ①昭和 ⑦平成 5 2 0 9 1 6 | 0 8 | 1年 | | |

| ㋒ 被保険者（申請者）の氏名と印 | （フリガナ）アオヤマ ハルオ<br>青山 晴夫 ㊞ | 事業所の | 名称 | 株式会社 緑商会 |
|---|---|---|---|---|
| | | | 所在地 | 品川区五反田1-2-3 |

| ㋓ 被保険者（申請者）の住所 | 郵便番号 1 4 1 - 0 0 0 4 | （フリガナ）トウキョウトシナガワク エバラホンチョウ 2-3-9 |
|---|---|---|
| | ⑦東京都道府県 | 品川区荏原本町 2-3-9 |
| [受取人情報] / [被保険者情報] | | 電話 |

| | 年 月 | ㋔ 70歳以上の方で過去1年間に次に掲げる事項に該当された方は、番号を「○」で囲んでください。 |
|---|---|---|
| 診療月 | 平成 2 3 0 1 | 1 健康保険限度額適用・標準負担額減額認定を受けている方<br>2 一部負担金の割合について、健康保険高齢受給者基準収入額適用申請により変更となっている方 |

被保険者が記入するところ

| 療養を受けた方の氏名、生年月日および被保険者との続柄 | 選択NO | 氏名 | 選択NO | 氏名 | 選択NO | 氏名 |
|---|---|---|---|---|---|---|
| | ① | 青山 晴夫 | ② | 青山 陽子 | ③ | |
| 生年月日 | 昭和 平成52年 9月16日（続柄 本人） | | 昭和 平成55年 7月22日（続柄 妻） | | 昭和 平成 年 月 日（続柄 ） | |
| 傷病名 | 腰椎々間板ヘルニア | | 十二指腸潰瘍 | | | |
| 療養を受けた病院等の名称および所在地 | 名称 | 赤沢クリニック | | 品川中央病院 | | |
| | 所在地 | 品川区荏原本町1-5-8 | | 品川区中央3-6-4 | | |
| その病院等で療養を受けた期間 | 23年 1月11日から 28日まで（18日間） | | 23年 1月12日から 30日まで（19日間） | | 年 月 日から 日まで （ 日間） | |
| ㋕の期間に受けた療養に対して病院等で支払った額（自己負担額） | 128,730 円（ 円） | | 250,680 円（ 円） | | 円（ 円） | |
| 他の公的制度により自己負担相当額、またはその一部の払戻しを受けられるかどうか | 受けられる（制度名 ）<br>⦿受けられない | 費用徴収の有無 0：無 1：有 | 受けられる（制度名 ）<br>⦿受けられない | 費用徴収の有無 0：無 1：有 | 受けられる（制度名 ）<br>受けられない | 費用徴収の有無 0：無 1：有 |
| 診療合計点数 | 点 | | 点 | | 点 | |
| 入院・通院の別 | 1：入院 ②：その他 | | ①：入院 2：その他 | | 1：入院 2：その他 | |

| 今回申請の診療月以前1年間に3回以上高額療養費の支給を受けた場合（請求中を含む）、その直近3回分の診療月、協会支部名、被保険者証の記号番号および限度額適用認定証（限度額適用・標準負担額減額認定証）使用の有無 | 診療月 | 1 平成22年 10月診療分 | 2 平成22年 11月診療分 | 3 平成22年 12月診療分 |
|---|---|---|---|---|
| | 協会支部名 | 東京 支部 | 東京 支部 | 東京 支部 |
| | 被保険者証の記号番号 | 65010203-123 | 65010203-123 | 65010203-123 |
| | 限度額適用認定証（限度額適用・標準負担額減額認定証）使用の有無 | 有・⦿無 | 有・無 | 有・無 |

| 請求年月日 | 特別支給コード | 証明書種別 | 0：一般<br>1：非課税<br>2：生活保護 | 3：上位所得者<br>4：一定以上所得者 | 不支給理由 | 第三者行為 | 0：なし<br>1：あり |
|---|---|---|---|---|---|---|---|
| 7 年 月 日 | | | | | | | |

| 支給種別 | 1：多数該当（単独）<br>2：合算 | 3：多数該当（合算）<br>4：単独 | 貸付表示 | 0：なし<br>1：あり | 貸付金額 | 円 |
|---|---|---|---|---|---|---|

| 算定基礎 | 診療点数×10円 | | 自己負担額 | 診療点数 × 10円 | |
|---|---|---|---|---|---|
| | （ 円） | 1/2 1/3 1/4 | （ 円） | 150,000円 ＋（ 円－500,000円）×1%<br>83,400円<br>80,100円 ＋（ 円－267,000円）×1%<br>44,400円 35,400円<br>24,600円<br>15,000円 20,000円<br>10,000円 | |
| 支給決定金額 | 円 | 支払方法 | 2：個人払い | 3：その他 | |

| 市区町村長が証明する欄 | 当該被保険者は平成　年度の市区町村民税が課されないことを証明する。 |
|---|---|
| | 市区町村長名　　　　　　　　　　　　　　　　　　　　　　　　　　　　　　　㊞ |

※4月から7月診療分については、前年度の課税に関する証明を、8月から翌年3月診療分については、当年度の課税に関する証明を受けてください。

次ページに振込希望口座記入欄があります。必ず記入してください。　　　全国健康保険協会

第5章 健康保険のしくみと利用法

## 振込希望口座

| 支払区分 | 1 金融機関 | | | | | |
|---|---|---|---|---|---|---|
| | 金融機関コード ※ | | 東都 | 銀行・金庫・信組 / 信連・信漁連 / 農協・漁協 | 荏原 | 店・本店 / 支店・出張所 / 本所・支所 / 本店・支店 |
| | 預金種別 | 1:普通 ✓ 2:当座 3:別段 4:通知 5:貯蓄 | 口座番号 | 1 2 3 1 2 3 1 | 口座名義 | (フリガナ) アオヤマ ハルオ / 青山 晴夫 |

## 受取代理人の欄

給付金に関する受領を代理人に委任する（申請者名義以外の口座に振込を希望される）場合に記入してください。

本申請書に基づく給付金に関する受領を代理人に委任します。　　　　　平成　年　月　日

| 被保険者（申請者） | 住所 | |
| | 氏名 | ㊞ |

| 受取人情報 | 代理人の氏名と印 | (フリガナ)（　　　　　）　　　　　　　　㊞ | 委任者と代理人との関係 | |
| | 代理人の住所 | 〒　ー　　　　　　　　　　　　　　電話（　　） | | |

## 負傷原因記入欄　初回申請時のみ記入してください。

※ 負傷の原因について記入してください。（該当する□にチェック（✓）してください。）

**[負傷日時・場所等]**

1. だれが・いつケガ（負傷）をしましたか。

氏名　青山　晴夫
平成 23 年 1 月 10 日 （月 曜日）
□午前 ・ ✓午後　3 時　00 分頃

2. ケガ（負傷）をした日は次のうちどの日でしたか。
□出勤日 ・ ✓休日（定休日・休暇含む）
□その他（　　　　）

3. ケガ（負傷）をした時は次のうちの時間帯でしたか。
□勤務時間中 ・ □通勤途中（□出勤・□退勤）
□出張中 ・ ✓私用 ・ □その他（　　　　）

4. ケガ（負傷）をした場所はどこでしたか。
□会社内 ・ □道路上 ・ □自宅
✓その他（　　　　）

5. ケガをした原因で次にあてはまる場合がありますか。
□交通事故 ・ □暴力（ケンカ）
✓スポーツ中（□職場の行事 ・ □職場の行事以外）
□動物による負傷（飼い主 □有 ・ □無）
□あてはまらない

6. 「上記5」にあてはまる原因がある場合、あなたは被害者ですか、加害者ですか。
相手 □有 → □あなたは被害者 / □あなたは加害者
□無
※相手のいる負傷の場合は、「第三者の行為による傷病届」が必要となります。

**[受診した医療機関]**

7. 診療を受けた医療機関名とその期間等

医療機関名　赤沢クリニック
平成 23 年 1 月 ～ 平成 23 年 1 月　✓治癒 ・ □治療中

医療機関名
平成　年　月 ～ 平成　年　月　□治癒 ・ □治療中

8. 負傷したときの状況（原因）を具体的に記入してください。

友人とテニスをしていたところ、急激に腰部をひねった。

9. 被保険者が代表取締役等役員の方の場合
労災保険に特別加入していますか。　□加入有 ・ □加入無

---

社会保険労務士の提出代行者印　　　　　　　　　　㊞

平成 23 年 2 月 2 日提出
受付日付印

# 11 業務外で死亡したときの届出

> 5万円の埋葬費が支給される

## ■ 実際に埋葬を行った人には埋葬料が支給される

　健康保険の被保険者が死亡した場合、埋葬を行った家族（生計維持関係にあれば被扶養者でなくてもよい）に埋葬料が支給されます。また、死亡した被保険者に家族がいないときは実際に埋葬を行った人に埋葬費が支給されます。被扶養者となっている家族が死亡した場合は、被保険者に家族埋葬料が支給されます。支給額は埋葬料については5万円です。埋葬費については5万円の範囲内で埋葬にかかった費用が支給されます。また、家族埋葬料については5万円が支給されます。

【請求手続】

　埋葬を行う遺族が請求人となります。家族埋葬料は被保険者が、埋葬費は実際に埋葬を行った人がそれぞれ請求人となります。被保険者または被扶養者の死亡日から2年以内に事業所を管轄する全国健康保険協会の都道府県支部または会社の健康保険組合に提出します。

【添付書類】

　被扶養者となっていない配偶者が請求する場合には、①住民票（同一生計の確認できるもの）、②除籍謄本が必要です。

　埋葬費を請求する場合には、①、②のほかに埋葬に要した費用の領収書を添付します。

【ポイント】

　健康保険の資格喪失後3か月以内に死亡した場合も埋葬料が支給されます。また自殺やけんかで死亡した場合でも支給されます（支給制限はかかりません）。

## 書式　健康保険被保険者埋葬料（費）請求書

**健康保険 被保険者/家族 埋葬料（費）支給申請書**

届書コード：6 3 3

- ⑦ 被保険者証の記号・番号：7101203-107
- ⑦ 被保険者の生年月日：5:昭和 33年07月26日
- 受付年度：03 平成

- 被保険者（申請者）の氏名と印：（フリガナ）ニシダ カズコ　西田 和子 ㊞
- 事業所の名称：株式会社 緑商会
- 所在地：品川区五反田1-2-3

- 被保険者（申請者）の住所：郵便番号 143-0002　東京都 大田区丸子橋3-2-1
- 電話 03（3737）4567

- ⑦ 死亡した年月日：平成 22年11月23日
- ⑦ 死亡原因：くも膜下出血
- ⑦ 第三者の行為によるものですか：☐はい ☑いいえ

### ●被扶養者が死亡したための申請であるとき

- ⑦ 被扶養者の氏名
- ⑦ 被扶養者の生年月日：昭和・平成　年　月　日
- ⑦ 被保険者との続柄

亡くなられた家族は、退職等により健康保険の資格喪失後に被扶養者の認定を受けた方で、今回の請求は次に該当することによる請求ですか。
① 資格喪失後、3ヵ月以内に亡くなられたとき
② 資格喪失後、傷病手当金や出産手当金を受給中に亡くなられたとき
③ 資格喪失後、②の受給終了後、3ヵ月以内に亡くなられたとき
☐はい　☐いいえ

上記⑦で、「はい」と答えた場合、家族が被扶養者認定前に加入していた健康保険の保険者名と記号・番号を記入してください。
- 保険者名
- 記号・番号

### ●被保険者が死亡したための申請であるとき

- ⑦ 被保険者の氏名：西田 秀一
- ⑦ 被保険者からみた申請者との身分関係：妻
- ⑦ 埋葬した年月日：平成　年　月　日

- ⑦ 埋葬に要した費用の額：　　　円
- 請求年月日：平成　年　月　日
- ⑦ 法第3条第2項被保険者として支給を受けた時はその金額（調整減額）：　　円

亡くなられた方は、退職等により全国健康保険協会管掌健康保険の被保険者資格の喪失後に家族の被扶養者となった方で、今回の請求は次に該当することによる請求ですか。
① 資格喪失後、3ヵ月以内に亡くなられたとき
② 資格喪失後、傷病手当金や出産手当金を引き続き受給中に亡くなられたとき
③ 資格喪失後、②の受給終了後、3ヵ月以内に亡くなられたとき
☐はい　☐いいえ

上記⑦で、「はい」と答えた場合、資格喪失後に家族の被扶養者として加入していた健康保険の保険者名と記号・番号を記入してください。
- 保険者名
- 記号・番号

### ●介護保険法のサービスを受けていたとき

| 市町村番号 | 受給者番号 | 発行機関名 |
|---|---|---|
| | | |

| ※請求者区分 | 不支給理由 | 第三者行為 | 98条 | 105条 | 支払方法 | 法定支給額 | 受取人住所区分（備考） |
|---|---|---|---|---|---|---|---|
| 1:本人 2:被扶養者 3:家族 4:その他 | | 0:なし 1:あり | 0:非該当 1:該当 | 0:非該当 1:該当 | 2:個人払 3:その他 | 円 | 0:本人 1:代理人 |

### 事業主が証明するところ

- 死亡した方の氏名：西田 秀一
- 死亡した方：☑被保険者・☐被扶養者
- 死亡した年月日：平成22年11月23日死亡

上記のとおり相違ないことを証明する。　平成22年11月29日
- 事業所所在地：東京都品川区五反田1-2-3
- 事業所名称：株式会社 緑商会
- 事業主氏名：代表取締役 鈴木 太郎 ㊞
- 電話　03（3321）1123

次ページに振込希望口座記入欄があります。必ず記入してください。　　全国健康保険協会

| 振込希望口座 | ㋐支払区分※ | 1 金融機関 | | | | | |
|---|---|---|---|---|---|---|---|
| | | 金融機関コード | ㊀ いろは | 銀行 金庫 信組 | 大田 | | 店・本店 支店・出張所 |
| | | | | 信連・信漁連 農協・漁協 | | | 本所・支所 本店・支店 |
| | | ㋑預金種別 1:普通 4:通知 2:当座 5:貯蓄 3:別段 | 口座番号 9 8 7 6 5 4 3 | (フリガナ) ニシダ カズコ 口座名義 西田 和子 | | | |

給付金に関する受領を代理人に委任する（申請者名義以外の口座に振込を希望される）場合に記入してください。

| 受取代理人の欄 | 本申請書に基づく給付金に関する受領を代理人に委任します。　　　　　　　　　　　　平成　　年　　月　　日 | | | | |
|---|---|---|---|---|---|
| | 被保険者 (申請者) | 住　所 | | | |
| | | 氏　名 | | | ㊞ |
| | 受取人情報 | 代理人の 氏名と印 | (フリガナ) | ㊞ | 委任者と 代理人 との関係 |
| | | 代理人の 住　所 | (〒　　　ー　　　　) | | 電話　(　　　) |

## 負傷原因記入欄

㋒ 負傷の原因について記入してください。（該当する□にチェック（☑）してください。）

被保険者（申請者）が記入するところ

**[負傷日時・場所等]**

1. いつケガ（負傷）をしましたか。
   平成　　年　　月　　日（　　曜日）
   □午前・□午後　　　時　　分頃
2. ケガ（負傷）をした日は次のうちどの日でしたか。
   □出勤日　・　□休日（定休日・休暇含む）
   □その他（　　　　　　　　　　　　　　　）
3. ケガ（負傷）をした時は次のうちどの時間帯でしたか。
   □勤務時間中　・□通勤途中（□出勤・□退勤）
   □出張中　・□私用・□その他（　　　　　）
4. ケガ（負傷）をした場所はどこでしたか。
   □会社内　・□道路上　・□自宅
   □その他（　　　　　　　　　　　　　　　）
5. ケガをした原因で次にあてはまる場合がありますか。
   □交通事故　・□暴力（ケンカ）
   □スポーツ中　□職場の行事　・□職場の行事外
   □動物による負傷　（飼い主　□有・□無）
   □あてはまらない
6. 「上記5」にあてはまる原因がある場合、あなたは被害者ですか、加害者ですか。
   相手　□有　→　□あなたは被害者
   　　　　　　　　□あなたは加害者
   　　　□無
   ※相手のいる負傷の場合は、「第三者の行為による傷病届」が必要となります。

**[受診した医療機関]**

7. 診療を受けた医療機関名とその期間等
   医療機関名
   平成　　年　　月　～　平成　　年　　月
   医療機関名
   平成　　年　　月　～　平成　　年　　月
8. 負傷したときの状況（原因）を具体的に記入してください。

9. 亡くなった被保険者が代表取締役等役員の方の場合
   労災保険に特別加入していましたか。　□加入有　・　□加入無

| 社会保険労務士の 提出代行者印 | | ㊞ | 平成　　年　　月　　日提出 受付日付印 |
|---|---|---|---|

## Column

### 「保険」にもいろいろある

　保険の運営を大きく分類すると、国や地方公共団体による公的な保険と、民間の保険会社により扱われるものに分けられます。

　**公的保険**は、**社会保険**と**労働保険**に分けることができます。社会保険には「医療保険」（健康保険や国民健康保険）、「介護保険」、「年金保険」（厚生年金保険や国民年金保険）が含まれます。一方、労働保険とは「雇用保険」、「労働者災害補償保険」の総称です。公的保険は、医療費や介護費、また失業時の生活費や老後の生活を支援する目的で設けられたもので、日本国内の居住者は強制的に加入することになっています。

　一方、**民間の保険**は、個人や企業が私経済的な目的達成のために加入するもので、**生命保険**や**損害保険**があります。文字通り、民間保険会社によって扱われる保険で、保険業法により生命保険業免許を持つ生命保険会社と、損害保険業免許を持つ損害保険会社があります。民間の保険はその業態によって、生命保険、損害保険、第三分野の3つの分野に分けられています。一般に生命保険は「人」に対する保険であり、損害保険は「物」に対する損害の填補や賠償のための保険（自動車損害賠償責任保険や地震保険など）ですが、保険に各種の特約をつけることにより保障される内容や対象を拡大することができます。

　**第三分野の保険**は、病気やケガなどの場合に一時金や給付金が支払われるもので、生命保険会社・損害保険会社の両者で扱われています。医療保険やガン保険、傷害保険や介護保険などがあります。一定期間の入・退院時の給付金や手術の場合の一時金、また通院や在宅療養に一時金が支払われる特約があり、成人病や女性特有の病気を特約として保障する保険商品もあります。

　そのほか、保険に似たものとして、各種共済や簡易保険もあります。

# 第6章

# 医療保険・医療特約のしくみ

# 1 医療の必要保障額を考えてみる

> 必ずしも高額の医療費がかかるとはいえない

## ■ 病気になった場合にはいくらかかるのか心配になるもの

　大きなケガや病気になったとき、「いつ治るのか」「元の生活に戻れるのか」といった身体的なことと同じくらい心配になるのが、お金のことです。治療費や入院費といった直接的な費用はもちろん、入院中でも家賃や税金、社会保険料などの生活費は発生しますし、特に子供や高齢者など自分で働くことのできない扶養家族を抱えている場合、その心配は大きなものになるでしょう。

　日本の場合、医療に対する公的な制度として**健康保険**があります。国民健康保険をはじめとする健康保険に加入していれば、患者の自己負担額は原則として3割ですみますから、その時点で大半の医療費に関してはかなり軽減されることになります。

　さらに、健康保険には「高額療養費」（173ページ）という制度が準備されています。**高額療養費**とは、医療費が大きな手術や長期入院などで高額になった場合に、その負担を軽減するために設けられた制度で、1か月に負担する医療費の額に上限を定めるというものです。その額は所得にもよりますが、一般的には8～9万円程度です。

## ■ 会社員には傷病手当金もある

　生活費の不安についても、会社員であれば健康保険制度を利用することによって、ある程度解消することができます。

　傷病手当金は、病気やケガなどで働けなくなった場合に一定期間、健康保険から支給される手当で、その額は1日につき標準報酬日額（標準報酬月額を30で割った額）の3分の2とされています。たとえば標

準報酬月額が18万円の人の場合、標準報酬日額は6000円、傷病手当金は約4000円ということになります。これが、会社を休んだ初日から3日目までを待機期間として4日目以降から支給されます。支給期間は、支給開始日を起算日として最長1年6か月間です。

ただし、傷病手当金を受け取ることができるのは、あくまで会社員の場合です。自営業者の場合には支給されませんので注意してください。

### 保険料にお金をかける必要性はない

各保険会社は近年、「医療保険」という名目の商品の販売に力を入れています。その保障内容は「入院日額1万円」「入院初日から保障」「手術給付金10万円」などさまざまです。

では、一般的な入院や治療には、これだけの保障が必要なほどの医療費がかかるものなのでしょうか。

たとえば厚生労働省の平成20年患者調査によると、退院患者の平均在院日数は35.6日です。1日にかかる医療費は病気ごとに大きく異なるものの、一般的な病気の場合、1～2万円程度と言われていますから、40～80万円かかるということになるわけですが、これには高額療養費の制度は反映されていません。つまり、制度を利用できれば仮に高額療養費の対象外となる食事代や差額ベッド代、入院中の家族の生活費といったものを考慮しても、50～60万円程度の貯金があればほぼ対応できるということです。

このように考えると、医療保険に加入して、わざわざ高額の保険料を支払わなくても、月々貯蓄をしておけば、たいていの場合は事足りるということになります。ただ、ガンなどの難しい病気にかかって健康保険が適用されない先進医療を受けたいという場合などには、かなり高額の医療費負担が予想されます。また、家族の生活費や患者の世話にかかる費用なども考えなければならないのは事実ですから、十分に内容を検討して保険を選ぶようにすべきでしょう。

## ② 医療保険はどんな保険なのか

入院や手術時の出費に備える保険

### ■ 生命保険にも損害保険にも属さない保険もある

　日本における保険商品は長年、人の生存または死亡に関して一定の保険給付を行う生命保険と、一定の偶然の事故によって生ずることのある損害を補てんする損害保険の大きく2つの分野に分けられていました。販売においても規制があり、終身保険や養老保険などの生命保険商品は生命保険会社、火災保険や自動車保険などの損害保険商品は損害保険会社が取り扱うものとされてきました。しかし、1970年代になってこのいずれにも属さない医療保険や介護保険などの「第三分野保険」などと呼ばれる保険が外資系の保険会社などから販売されるようになりました。

　以前は規制の存在により、国内の保険会社は第三分野保険の取り扱いをすることができず、外資系保険会社がほぼ独占して販売していたのですが、現在はその規制も廃止され、日本国内の生命保険会社・損害保険会社のいずれでも販売することができるようになっています。

### ■ 医療保険と医療保障は違う

　現在、第三分野保険は、保険法上では人の傷害疾病に基づき一定の保険給付を行う「傷害疾病定額保険」と呼ばれています（2条）。病気やケガで治療を受けた場合に「入院1日につき5000円」「手術1回につき10万円」などという給付を受けることができる医療保険は、これに該当します。

　通常、「医療保険」という保険に加入する場合、それ単独で契約することになるわけですが、「入っているのは生命保険だけど、医療保

険と同じような保障を受けられるようになっているよ」という人も多いでしょう。これは生命保険に医療保障の特約をつけているケースです。保障内容は似ていますが、医療保険と医療保障特約は、次のような点で異なります。

・医療保険はそれ独自の契約であり、保障期間などもそれぞれ確認して決めることができるが、医療保障特約の場合、主契約はあくまで生命保険なので、生命保険料の払込期間が終わると、たとえ生命保険の保障が終身であっても医療保障特約は継続されず、保障が受けられなくなる場合がある
・医療保険の保障内容はメニューが豊富だが、医療保障はオプションなので保障内容が限定的
・医療保険に比べ、医療保障は保険料が割安

## 給付のメインは「入院」と「手術」

医療保険の給付には、大きく分けて「入院」と「手術」の2つがあります。

① 入院給付金

入院した場合に、「入院1日につきいくら」という形で給付金を受

■ 医療保険契約と医療保障特約

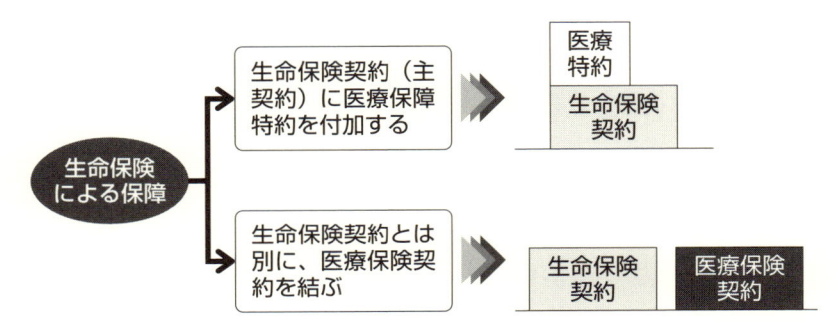

け取ることができます。5000円〜1万5000円程度の給付金を設定しているものが多いようです。医療保険の場合、入院1日目から受け取れることができる契約が多いようですが、中には入院5日目からなどの商品もあります。

給付期間は60日、120日、180日などといったものが一般的のようです。

② 手術給付金

手術を受けた場合に、1回〇〇円という形で給付金を受け取ることができます。金額は「入院給付金の〇倍」という形で給付率が決められているものや、手術の種類によって決まるもの、「1回〇万円」と固定されているものなどさまざまです。同じ病気で二度手術をしても毎回支給されるものと、一度しか支給されないものがあります。

## 特約の種類について

医療保障に関する特約としては、次のようなものがあります。

① 三大疾病特約

ガン、急性心筋梗塞、脳卒中という日本人の死因トップ3の疾病にかかったときに保険金が支給される特約です。一括で給付金が支払われるものが多いようです。この三大疾病に糖尿病なども含めて保障する「生活習慣病特約」などもあります。

② 女性特有疾病特約

子宮ガン、乳ガンなど女性特有の病気にかかったときに保険金が支給される特約です。通院日額が上乗せされるタイプのものや、一時金が支給されるタイプのものがあります。

③ 死亡特約

死亡した場合に保険金が支給される特約です。金額は数十万円から数百万円と、生命保険よりかなり少なめに設定されているものが多いようです。

④ 通院特約

退院した後、その病気の治療のために通院をした場合に保険金が支給される特約です。1回の通院につきいくらという形で給付金が支給されるタイプのほか、退院時に一括して給付金が支給される「退院特約」タイプもあります。

## 終身保障のほうが保険料は安くなる

保険には、一生涯保障が続く「終身」と、10年、20年など一定の期間保障する「定期」という種類があります。

加入時の年齢と保障金額が同じである場合、定期のほうが保険料は安くすみます。ただ、定期の保障期間が切れて、再度保険に入り直したり、その保険を更新するという場合、その年齢から新たに保険に加入することになるので、保険料は急に高くなります。また、高齢になってくると加入できる保険の種類も限られてきますので、注意が必要です。

一方、終身の場合、加入時の保険料は高くなりますが、その額が最後まで一定で続きます。このため、若いうちに契約した場合、保険料を払い終えた時点の最終的な合計金額を見ると、定期よりも終身の保険料が安くなる、という計算になります。

## ガンなどの先進医療の保障には健康保険の適用がない

公的な健康保険は病気やケガで治療を受ける際の強い味方となりますが、残念ながらすべての医療に対して有効というわけではありません。たとえば特別な医療機器を使用したり、国内で承認されていない薬を使うような治療を受ける場合、健康保険の適用を受けることができず、その医療費が全額自己負担となることがあるのです。

医療保険の加入を検討する際には、これらのポイントを考慮に入れて選ぶ必要があるでしょう。

## 3 医療保険の保険料について知っておこう

安ければよいというわけではない

### ■ 保険料が安いと入院日数も短い

　医療保険の保険料には、商品によってさまざまな支払方法があります。現在の経済状況や家族構成などを考慮し、効果的な方法を選択してください。また、医療保険の多くは掛け捨てになるので、そのことも考慮しておくべきでしょう。たとえば保険料を安く抑えようと思えば、保障される入院期間を短くしたり、1日の保険金を抑えるといった選択をすることができます。ただ、いざというときにその保障で十分なのかどうかという問題がありますので、単に安いという理由だけで選択しないほうがよいでしょう。

### ■ 終身払いは損か得か

　終身保障の医療保険にも、保険金を終身払い込むタイプと一定年齢（60歳までが一般的）まで払い込むタイプがあります。終身払いなら月々の支払額は抑えることができますが、収入が年金だけになっても払い続けなければなりません。一方、一定年齢まで払い込むタイプは月々の支払額は高いものの、一定年齢を超えると保険料を払わなくても保障を受けることができます。

　現在の収入は少ないが、厚生年金に加入しているのである程度の年金収入が見込めるという人は前者、国民年金しか加入しておらず、年金収入だけになったら保険金を負担するのは難しいという人は後者を選ぶとよいでしょう。ただ、後者の場合、思いがけず早い段階で亡くなってしまったら掛け捨て分が多くなるのでその点も考慮しておいた方がよいでしょう。

# ④ 入院ならなんでもOKというわけではない

入院の事由によっては保険金がもらえないこともある

## ■ 保険金支払いの対象にならない場合とはどんな場合か

「入院保障のある医療保険に入っていれば、どんな理由で入院しても大丈夫だ」と思っている人は多いかもしれませんが、実はそうではありません。中には約款によって保険金支払いの対象外となっている入院もあるので、十分確認しておいてください。

まず、人間ドックなどのようないわゆる検査入院に関しては保険金支払いの対象になりません。また、正常分娩による入院、美容整形のための入院といったものも通常は対象外です。これは、本来入院保険が保障するのはケガや病気の治療にかかる費用であり、検査入院などはその目的から外れるからです。

ただし、たとえ検査入院であっても、それによって病気が判明し、即日入院となった場合や、帝王切開で分娩し、入院したといった場合は、その検査入院にかかる費用についても保険金支払いの対象となりますので、忘れずに申請するようにしてください。

さらに、病気やケガによる入院の場合でも、保険金支払いの対象外となる事由があります。これを**免責事由**といいます。免責事由は保険会社が定めるもので、おもな例としては、次のようなものがあります。

・被保険者の精神障害を原因とする事故によって入院した場合
・被保険者の泥酔を原因とする事故によって入院した場合
・被保険者の故意または重大な過失によって入院した場合
・保険金をだまし取ろうとする犯罪行為があった場合
・告知義務違反があった場合

## ⑤ 医療特約の継続を検討する際の注意点

> 継続時に高額の保険料を請求されることもある

### ■ 医療特約は定期のケースが多い

　生命保険の特約として医療保険に加入している場合には、注意しなければならないことがあります。主契約である生命保険の保険期間が終了すると、医療特約も終了するという点です。

　たとえば終身保険200万円、60歳までの定期保険3000万円の生命保険に加入していて、定期保険に医療特約をつけているといった場合、終身保険200万円は一生涯保障を受けることができますが、医療特約は定期保険と同じ60歳までしか保障されません。病気などが多くなり、一番保険が必要となる高齢期に、医療保険がない状態になってしまうということです。ただ、中には最長80歳まで医療特約が継続するものや、終身保険に医療特約をつけるといった契約をすることができる保険もありますので、その点も確認しておきましょう。

### ■ 継続すると高額になる場合もある

　生命保険に付加していた医療特約が、定期保険の満期と同時に切れてしまう場合でも、契約の更新をすることは可能です。ただし、定期保険の切れる時期というと、既に60歳以上と高齢になっていることがほとんどであり、保険料がいきなり高額になりますので注意が必要です。場合によっては80歳までの保険金を一括で請求されたり、年払いをするよう求められるなど、一度に多額の保険金を支払わなければならないこともありますので、注意してください。

# 6 ガン保険はどんな保険なのか

> 再発の危険や長期治療などガンの特性を考慮した給付をする保険

## ■ ガン保険のしくみを理解する

　ガンは一部の人がかかる珍しい病気ではありません。既に30年にわたって日本人の死因の第1位となっており、だれでもかかる可能性がある病気です。

　医学の進歩により、初期に発見されれば完治が期待できることも多くなりました。しかし、死に近い病気であるという認識は根強く、治療に長い時間を要することから、もし罹患したら経済的にどうなるのかという不安は大きいのも事実です。

　このため、医療保険の一種である「ガン保険」という商品が注目されています。この保険はガンという病気の特性を考慮したもので、ガンという診断を受けただけで保険金が支払われるものや、長期の治療になることをみこして入院給付金の支給期間を一般の医療保険より長くしているもの、収入の減少を補てんするものなどさまざまな種類があります。

## ■ 健康保険との関係はどうなっているのか

　ガンの治療方法は世界各国で研究されており、次々に新しい薬や医療機器、手術法などが開発されています。ガンにかかってしまったら、できるだけ効果の高い方法を使って治したいところですが、このような先進医療を受ける場合、どうしても費用が高額になります。

　「健康保険を使えば、たとえ高額の治療でも自己負担は3割ですみますし、高額療養費制度の適用も受けられるはずだ」と思うかもしれませんが、全国健康保険協会や健康保険組合が運営する公的健康保険

制度は万能ではありません。先進医療の中には健康保険がきかないものも多いのです。健康保険適用外の治療を受けるとなると、経済的な負担はかなり大きくなってしまいます。

## 全額自己負担になってしまう場合とは

健康保険を適用する治療を「保険診療」、適用しない治療を「自由診療」といいます。健康保険の対象とならない先進医療は、自由診療で費用を負担するしかないということになります。

通常、ガン治療をする場合には、先進医療による治療だけではなく、一般的な治療も受けることになるわけですが、先進医療については自由診療とし、ほかの治療については保険診療として治療費を支払うことになるのかというと、実は一概にそうとは言えません。このように、自由診療と保険診療の両方を適用することを「混合診療」というのですが、現在の原則では混合診療は認められていないのです。つまり、健康保険の適用されない先進医療を受けようと思うと、ほかの一般的な治療も健康保険を適用せずに自由診療として費用を負担しなければならないということです。

例外として、厚生労働省が定める「選定療養」と「評価療養」に該当する治療の場合、通常の治療と共通する部分について健康保険から給付を受けられる**保険外併用療養費**という制度が設けられています。先進医療の一部も選定療養に含まれていますので、その範囲内であればある程度負担が軽減されます。しかし、選定療養と評価療養の範囲外の治療を受ける場合は、すべての治療を全額自己負担することになりますので、月に数百万という治療費も覚悟しなければなりません。

## 保険料は高いが健康保険の枠にしばられないガン保険もある

このように、ガン治療において健康保険の適用を受けるためには制約があります。しかし、この部分を補てんするためのガン保険も存在

します。たとえば自由診療で治療を受けた場合に、かかった費用を全額保障するものや、保険外併用療養費の適用は受けられたが、先進医療の部分については自己負担したという場合に、自己負担分を保障するものなどです。

このようなガン保険の場合、どうしても保険料は高くなりますが、治療を受けるときに経済的な理由であきらめたくないという場合には、加入を検討してもよいでしょう。

### ガン保険にはどんなタイプがあるのか

ガン保険は、対象を「ガン」という病気に特化した医療保険の一種です。契約の形としては、他の医療保険と同様、生命保険などに付加する特約タイプと、ガン保険単独で契約するタイプがあります。保障内容には一生涯保障される終身保障タイプと一定の年齢まで保障される定期（更新）タイプがあります。また、保険料の支払方法には月払い、半年払い、年払いなどがあります。

### そもそも保障対象にならないガンもある

「ガン保険」というからには、保障を受ける際には「ガンである」という客観的な事実が必要になります。「ガン」とは通常、体内に悪性の腫瘍などができた状態を指します。肺ガンや胃ガンなど内臓に腫瘍ができるものや骨肉腫骨などに腫瘍ができるもの、白血病やリンパ腫など血液や骨髄液に異常が起こるものなど発症の部位や形状はさまざまですが、たいていのガン保険では部位などに関係なく保障を受けることができます。

ただ、ガンの中でも「上皮内新生物」と呼ばれるものについては、違う扱いとなることがあります。上皮内新生物とは腫瘍細胞が深部にまで浸透しておらず、簡単な手術で根治できる可能性の高いガンのことをいいます。転移もまずなく、危険度が低いことから、商品によっ

てはあえて「悪性腫瘍」と「上皮内新生物」を分けている場合がありますので注意してください。

## ■ 支払猶予期間について

ガン保険の保障内容の一つとして、「ガンと診断されたら保険金が支払われる」というものがあります。治療にお金と時間がかかるガンという病気においては重要な保障なのですが、ガンと診断されたのが保障の開始日から90日以内だった場合、保険金を支払わないという条項が設けられている保険がほとんどですので、注意が必要です。

この条項は、90日間不担保条項といって、「ガンかもしれない」という疑いを持ってから保険に加入するという行為を防止するためのものです。保険会社が保険金の支払いが増加するリスクを回避するために設けているわけです。

## ■ 支払われる場合にも制限がある

ガン保険の給付金には、入院給付金・通院給付金といった代表的な医療給付金があります。入院給付金はどんなガン保険でも基本給付に含まれていて、通算日数は無制限が一般的です。

気をつけなくてはいけないのが、通院給付金です。通院給付金が支給されないガン保険が結構あるのです。最近のガンの治療は入院日数が減って、通院期間が増える傾向にありますので、入院給付金が充実しているガン保険よりも、通院給付金がしっかりと受けられるガン保険のほうが最近のガン治療の実態にふさわしいと言えます。

ガン保険を選択する際の比較のポイントとして、まず入院給付金の給付額をいくらに設定できるのかという点と、ガン診断前に行う検査入院までさかのぼって、入院給付金が支給されるのかどうかという点があります。入院給付額については、その人が通常の医療保険にも加入している場合は5,000円ぐらいで十分です。ただし手術給付金や通院

給付金も入院給付額をベースに支給されるので、これらの給付を充実させたい場合は入院給付額をあまり低くしないほうがよいかもしれません。ご自身の希望と商品特性をよく調べて決定する必要があります。

## 本人への告知をしなくても給付金が請求できる

医療保険の請求は、通常加入者本人が行うことになっています。ガン保険の場合も同様ですが、本人が請求するとなると、ガンであることを本人に告知する必要が出てきます。しかし、中には本人の精神的負担を考慮して、告知をしたくないという場合もあるでしょう。

ガン保険の多くは、このような場合に備えて**指定代理請求制度**を利用できるようにしています。この制度は、本人のかわりに請求の手続をする人を指定しておくもので、給付金の受け取りも指定代理人が行うことができるので、本人にガンであることを急いで知らせる必要がなくなります。

■ ガン保険の特長

| 支給事由 | | ガンにより入院した場合や手術を受けた場合に給付金が支給される |
|---|---|---|
| 一般的な保険金・給付金の種類 | ガン入院給付金 | ガンの治療を直接の目的として入院したときに支給される。入院給付金の支払日数は無制限 |
| | ガン手術給付金 | ガンで所定の手術を受けたときに支給される |
| | ガン診断給付金 | ガンと診断されたときに給付金が支給される |
| | ガン死亡給付金 | ガンを原因として死亡した場合に給付金（保険金）が支給される |
| | 死亡給付金 | ガン以外の原因で死亡した場合に給付金（保険金）が支給される |
| 待ち期間 | | 一般的に契約日から90日などの待ち期間が設定されており、この期間中にガンと診断されても給付金は支給されない |

## 7 所得補償保険はどんな保険なのか

損保会社が提供する就労不能時のための保険

### ■ 収入が減ったような場合に保障してくれる保険もある

　家庭を支える大黒柱が病気やケガで入院が必要となった場合に、本人がまず心配するのは自分のことよりも家族のことではないでしょうか。「自分が入院して働けなくなれば、収入が途絶えて家族の生活が成り立たない」というのでは、仮に本人の入院費などが医療保険で賄えたとしても、安心して治療を受けることができないでしょう。

　このような事態に対応するものとして**所得補償保険**があります。被保険者の収入が途絶えた場合に、それまでの収入の一部を保障するという保険で、損害保険の一種です。自動車保険と同様、更新制で、一般的な保険期間は1～2年です。その期間中に保険契約に定める事情で全く働けない状態になった場合は、収入の保障を受けることができます。また、保険期間内にそのような事態が起こらなかった場合には、支払った保険金の一部（20％程度のものが多い）を払い戻すという商品もあります。

### ■ 保険期間と保障期間の関係

　収入補償保険で保障している期間は、商品によって異なりますが、日本で販売されているものの多くは1～2年と短期間です。中には「働けない期間が続く限り60歳まで毎月保険金を支給する」といった長期のものもあり、病気やケガで重い後遺症が残った場合などには安心ですが、数はあまり多くありません。

　収入補償保険の場合、保険期間中に事故が起こった場合に保障を受けることができるわけですから、保障期間の満了日が保険期間の満了

日よりも後になるケースも出てきます。しかし、保険期間が満了していても、保障期間中は所得の保障を受けることができます。

たとえば2011年4月1日に保険期間1年の所得補償保険に加入し、2011年10月1日に事故にあったとします。通常は1週間程度の免責期間が設けられていますから、保障を受けられるのは10月8日から2012年の10月7日までということになります。

保険期間は2011年3月末日に切れますが、保障金は保障期間満了日の2012年10月7日まで受けられるということです。

### 保険料は、職業と年齢によって異なる

所得補償保険の保険料は、月々の保障金額と保険加入時の加入者の年齢・職業によって決まります。月々の保障金額は自分で選ぶことができますが、現在の収入を基礎として上限が決められていることもあります。

職業は内容によって1～3級という形で分類されており、危険度の高い職業ほど保険料が高くなるというしくみになっています。たとえば1級は事務職や医師などで2級は看護師や調理師など、3級は大工や運送業者などです。

また、職業によっては、保険の加入自体が認められないこともありますので、まずは確認してみてください。

### 地震などの場合にも補償対象になるものもある

たとえば火災保険の場合、地震などの天災が原因の火災では補償が受けられず、別途地震保険への加入が必要になります。所得補償保険も同様で、別途特約をつけるなどしなければなりませんが、中には天災でも保障することをウリにしている商品もあります。

# 8 収入保障保険と就業不能保障保険とはどんな保険なのか

**生活への不安を解消する保険もある**

## ■ 収入保障保険とは

　生命保険の死亡保険金は通常、被保険者が死亡したときに一括で支払われます。その金額は数百万から数千万と、日常容易に手にすることができないような金額ですから、中にはどのように使えばよいのかわからず、早い段階で使い切ってしまいそうな不安があるという人もいるでしょう。このような不安を解消するための商品が、**収入保障保険**です。月々の給与を受け取るのと同じように死亡保険金を分割して支給するもので、特に一家の働き手を失った場合などには安心です。

## ■ どんなもらい方ができるのか

　収入保障保険の受け取り方には、次のようなタイプがあります。また、受取金額や期間については、保険会社に変わってきます。

① 　確定年金タイプ

　契約時に受け取る年数と受取額を決め、死亡時点からその年数と金額で保険金を受け取ります。契約期間中のどの時点で被保険者が死亡しても、保険金の総額は変わりません。

② 　歳満了契約タイプ

　被保険者の年齢を基準に保険期間を設定する契約のことを歳満了契約といいます。死亡時点から契約期間満了時まで保険金を受け取ります。早い時期に死亡すると、その分保険金の総額は多くなります。

## ■ 就業不能保障保険とは

　一家の働き手がケガや病気で働けなくなると、家族の生活が成り立

ちません。そこで用意されているのが、**就業不能保障保険**です。所得補償保険の生保版です。就業不能の状態が一定期間（1～6か月程度）続いた場合に、月々保険金の支給を受けられるというもので、給付期間は最長1年間という商品もあれば、保険期間満了時まで毎月支給という商品もあり、さまざまです。

就業不能保障保険は、「働くことができなくなった場合に備える」ことを目的とする保険ですから、専業主婦など働いていない人や、収入が少ない、不安定といった人は加入できないとしている商品が多くなっています。

### どのくらいもらえるのか

就業不能保険で月々支給される保険金には、年収や平均月収などによって上限があります。その額は商品によっても異なりますが、「前年平均月収の40％まで」「課税所得の6～7割まで」などと定められているものが多いようです。

■ 所得補償保険・収入保障保険・就業不能保障保険

|  | 所得補償保険 | 収入保障保険 | 就業不能保障保険 |
|---|---|---|---|
| 販売会社 | 損害保険会社 | 生命保険会社 | 生命保険会社 |
| 支払事由 | 被保険者が病気やケガにより就労不能になったとき | 被保険者の死亡時、または高度障害状態になったとき | 被保険者が病気やケガにより就労不能になったとき |
| 補償・保障金額 | 月収の4～7割程度 | 年収に関係なく保障金額の設定が可能 | 年収によって上限が設定されているものが多い |
| 補償・保障期間 | 多くの商品は1～3年程度 | あらかじめ決めた保険期間満了時まで保障 | あらかじめ決めた保険期間満了時まで保障 |
| 支払方法 | 月々の受取り | 月々の受取りまたは一時金 | 月々の受取り |

※補償・保障金額、補償・保障期間は保険会社の商品によって異なる

# ⑨ 介護費用保険はどんな保険なのか

介護には思った以上にお金がかかる

## ■ 介護費用保険とは

　介護費用保険とは、被保険者が加齢によって一人で生活できなくなり、介護が必要になったときに、その費用を補てんするための保険です。「介護なら介護保険で自己負担は1割になるから、安くすむはず」と思うかもしれませんが、介護にかかる費用はホームヘルパーやデイサービスといった直接的な介護に関するものだけではありません。ヘルパーが来られない時間帯に別に住んでいる家族が行くという場合、交通費などがかかりますし、その時間帯、家族は働くことができませんから収入も減ります。介護保険の対象となる介護サービスでは不十分だったり、満足できないという場合には、全額自己負担で介護サービスを受けなければなりません。寝たきりや認知症など、症状が重くなればおむつなどの介護用品の使用量もふえますし、場合によっては引っ越しや住宅改修などの必要性も出てきます。

　介護費用保険に加入すると、このような介護保険だけでは賄えない費用を補てんすることができるわけです。

## ■ 保険会社によって商品もさまざま

　介護費用保険は販売する保険会社によって内容が違いますので注意が必要です。具体的には、次のような保険金支給の種類があり、単独で扱う商品もあれば、これらを組み合わせている商品もあります。

① 年金型

　要介護状態になったと認定された場合に、月々いくらという形で保険金が支払われます。

② **一時金型**

要介護状態になったと認定された場合や、要介護状態から回復した場合など、所定の状態になったときに一時金を受け取ることができます。

③ **実費補てん型**

介護サービスの利用にかかった費用や住宅改修費用、介護用品の購入にかかった費用など、実際にかかった費用を受け取ることができます（限度額あり）。

なお、介護費用保険の場合、「要介護状態」の認定が保険会社によって異なります。保険の給付が始まるのは、通常180日程度要介護状態が続いた後のことになります。中には、公的介護保険の要介護認定とは別に独自の基準を定めているところもありますので、注意してください。

■ **民間の介護保険への加入**

**公的介護保険**
① サービスの対象は、
　・65歳以上の要支援・要介護状態の人
　・40歳以上で脳卒中などにより要支援・要介護状態になった人に限られる
② 公的介護保険では、金銭を受給できるわけではない

↓

十分な保障を受けることができないので、民間の医療保険に加入

↓

生命保険の介護保障保険や損害保険の介護費用保険の活用

# Column

## 被災地を支援したいという人のための納税方法

　被災地の人々を支援したい。東日本大震災では、そんな気持ちで寄付をした人が多かったのではないでしょうか。実は、この善意が節税にも使えるのです。確定申告をすれば、**寄付金控除**が受けられます。寄付した金額に応じて所得から一定額を控除することができます。ただし、寄付控除が認められるには、以下のような条件があります。

① 寄付した先が、国や地方公共団体、社会福祉法人といった公共機関であるか、公共性の高い団体（日本赤十字など）である
② 寄付先がわかる領収書や受領書がある（税務署に提出するため）

　公共機関や公共性の高い団体に寄付した場合、これを**特定寄付金**と言います。つまり、寄付金控除を受けるには、特定寄付金でなければならないことになります。特定寄付金であるならば、寄付金を渡した先がどこであってもかまいません。たとえば、テレビの呼びかけで寄付したが、そのお金が①に該当する機関・団体に拠出されたことが証明できる場合などは、特定寄付金となります。次に、控除の計算法ですが、特定寄付金の合計金額から2000円を引いた金額となります。合計金額として計上できるのは、所得金額の40％までとなっています。

　また、被災者の人々に自分の善意を直接渡したいという気持ちを実現する方法として、**ふるさと納税**もあります。これは、自分が応援したいと思っている都道府県、市区町村に寄付をすることです。あくまで寄付なのですが、確定申告をすれば、寄付金控除が受けられるほか、住民税からも一定額の控除を受けることができます。特に、住民税では、当初支払う税金から控除した分を引いたうえで納税請求されます。寄付先は、別に自分の故郷である必要はありません。何か所でも寄付してもよいのです。控除は、その人の所得と寄付した金額によって変わります。所得税は寄付したその年の分から、住民税は翌年から控除されます。

第7章

# 労災保険のしくみと利用法

# 1 労働者が仕事中にケガや病気をしたときに労災保険を利用する

仕事中や通勤中のケガ・病気について保障を行う

## ■ 労災保険とは

　**労災保険**（正式には労働者災害補償保険といいます）とは、仕事中や通勤途中に発生した労働者のケガ、病気、障害、死亡に対して、必要な保険給付を行う公的保険制度のことです。

　労災保険は労働者を1人でも使用する事業を強制的に適用事業とすることにしています（一部の農林水産業のみ暫定適用事業とされています）。労働者には、正社員やパート、日雇労働者などの雇用形態は関係なく、労働者であれば適用されます。つまり、労災保険に加入していない事業所は通常のケースではあり得ないということになります。

　そもそも、労働者は事業主のために仕事をしていて、それが原因で労働災害に遭ったわけですから、万一の災害のときに事業主がその災害に対する補償をしなければなりません。労働基準法にも補償のルールが定められています。

　しかし、労災事故における補償責任を事業主のみに負わせてしまうと、事業主によっては労災事故に対する補償能力が十分でない者もあるため、労働者が十分な保障を受けられないケースも生じます。そこで、労働者に対する補償について、保険制度を採用し、労働者を使用する事業主の全員が労災保険に加入することによって、確実に災害補償が行われるしくみにしました。それが**労災保険制度**です。

　事業主の災害補償責任に対する保険であるという性格上、労災保険の保険料は全額事業主が負担することになっています。

## 健康保険との関係

第5章で健康保険制度について述べましたが、労災保険も健康保険もともに公的医療保険制度の一つです。

一般の会社員であれば、仕事中や通勤中のケガ・病気の被害については労災保険、業務外でのケガ・病気被害であれば健康保険制度を利用して医療費の負担を軽減することができます。

## 業務災害とは仕事中に起きた事故である

労働者の仕事（業務）中に起きた事故によるケガ、病気、障害、死亡のことを**業務災害**といいます。業務上の災害といえるかどうかは、労働者が事業主の支配下にある場合（＝業務遂行性）、および、業務（仕事）が原因で災害が発生した場合（＝業務起因性）、という2つの基準で判断されます。たとえば、以下のようなときに起こった災害が業務災害として認められます。業務上の災害といえるかどうかの判断は労働基準監督署が行います。

① 労働時間中の災害

仕事に従事している時や、作業の準備・後片付け中の災害は、原則として業務災害として認められます。

また、用便や給水などによって業務が一時的に中断している間についても事業主の支配下にあることから、業務に付随する行為を行っているものとして取り扱い、労働時間に含めることになっています。

② 昼休みや休憩中など業務に従事していないときの災害

事業所での休憩時間や昼休みなどの業務に従事していない時間については、社内（会社の敷地内）にいるのであれば、事業主の支配下にあるといえますが、休憩時間などに業務とは関係なく行った行為は、個人的な行為としてみなされますから、その行為によって負傷などをした場合であっても業務災害とはなりません。

ただ、その災害が事業場の施設の欠陥によるものであれば、業務に

従事していない時間の災害であっても、事業用施設の管理下にあるものとして、業務災害となります。
③　出張中で事業所の外で業務に従事している場合
　出張中は事業主のもとから離れていますが、事業主の命令を受けて仕事をしているわけですから、事業主の支配下にあります。そこで出張中の災害については、ほとんどの場合、業務中に発生したものとして、業務災害となります。ただ、業務時間中に発生した災害であっても、その災害と業務との間に関連性が認められない場合は、業務遂行性も業務起因性も認められず、業務災害とはなりません。たとえば、就業時間中に脳卒中などが発症し転倒して負傷したケースなどが考えられます。脳卒中が業務に起因していると認定されなければ、たとえ就業時間中の負傷であっても、業務災害にはなりません。

## 業務上の疾病には災害性疾病と職業性疾病がある

　業務上の疾病には災害性疾病・職業性疾病の2種類があります。
　災害性疾病とは、事故による負傷が原因で疾病になるもの、または、事故による有害作用で疾病になるもののことです。
　一方、職業性疾病とは、長期間にわたり有害作用を受けることによって徐々に発病する疾病のことです。たとえば、じん肺症、脛肩腕症候群、潜水病、皮膚疾患、中皮腫などです。アスベスト（石綿）と中皮腫の関係はその典型例といえます。

## 複数の事業所間の移動も通勤に含まれる

　通勤災害とは、通勤途中に発生した災害のことです。たとえば、労働者が通勤途中の駅の階段で転び、ケガをした場合などです。労災保険法の7条では、通勤について、「労働者が就業に関し、住居と就業の場所との間などを合理的な経路および方法により往復することをいい、業務の性質を有するものを除くものとする」と定めています。

また、複数の事業場で就労している者の事業所間の移動および単身赴任者の赴任先住居と帰省先住居間の移動についても通勤に含まれます。

## ■「寄り道」には適用されない

　たとえば、帰宅途中にパチンコ店に立ち寄り、小１時間ほどパチンコをした場合、パチンコ店に入った時点から後については、通勤として認められません。これに対して、帰宅途中、選挙のため投票所に立ち寄る場合などは、日常生活上必要な行為とみなされますから、投票を終えて通常の経路に戻った時点からは通勤となります。

　このように通勤途中で通勤とは無関係な目的のため通常の通勤経路からいったん外れることを逸脱といいます。

　また、通勤途中で通勤とは無関係の行為を行うことを中断といいます。逸脱・中断の間とその後は、日常生活上必要な行為である場合を除き、通勤には含みません。

■ 逸脱・中断の取扱い

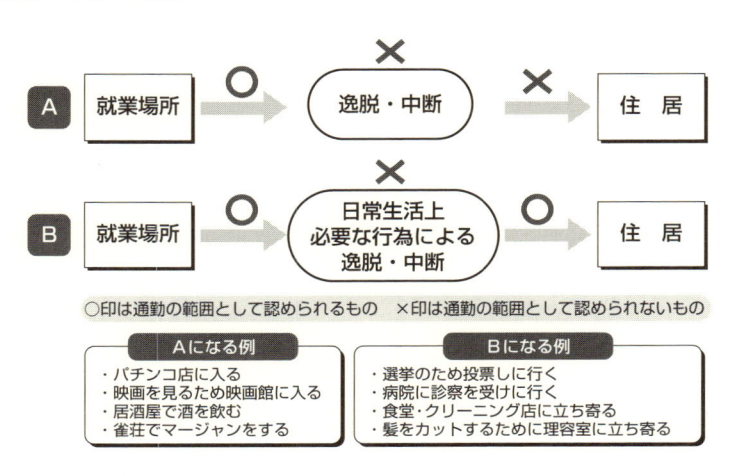

A　就業場所 ○→ 逸脱・中断 ×→ 住居

B　就業場所 ○→ 日常生活上必要な行為による逸脱・中断 ○→ 住居

○印は通勤の範囲として認められるもの　×印は通勤の範囲として認められないもの

**Aになる例**
・パチンコ店に入る
・映画を見るため映画館に入る
・居酒屋で酒を飲む
・雀荘でマージャンをする

**Bになる例**
・選挙のため投票しに行く
・病院に診察を受けに行く
・食堂・クリーニング店に立ち寄る
・髪をカットするために理容室に立ち寄る

## ② 補償内容について知っておこう

### 必要に応じた8つの給付がある

#### ■ 労災保険の給付内容は

　業務上または通勤途中の事故や病気などの保険事故に対応して、8つの保険給付があります。業務災害の場合の給付の名称に「補償」という言葉がつくことを除けば、通勤災害の場合の給付と内容は基本的に同じです。

① 療養（補償）給付

　業務上または通勤途中の負傷・疾病によって療養を必要とする場合に給付されます。治療を行うという現物給付の「療養の給付」と、現金給付の「療養の費用の支給」の2種類がありますが、「療養の給付」が原則です。「療養の給付」では、労災指定病院で治療を受ければ、原則として傷病が治ゆするまで必要な療養を受けることができます。

　「療養の費用の支給」は、労災指定病院以外で療養を受けた場合に、そのかかった費用を支給するというものです。治療費だけでなく、入院の費用、看護料、移送費など、通常療養のために必要なものは全額支給されます。

② 休業（補償）給付

　業務上または通勤途中の負傷・疾病による療養のために休業し、賃金を受けない日の第4日目以降から支給されます。

　休業1日について給付基礎日額の60％が休業（補償）給付として支給されます（このほか、社会復帰促進等事業から給付基礎日額の20％が特別支給金として支給）。給付基礎日額とは、原則として、災害発生日以前3か月間に被災した労働者に支払われた賃金総額を、その期間の総日数で割って算出されます。

③ 傷病（補償）年金

療養開始後1年6か月を経過しても治ゆせず、傷病等級（第1級～第3級）に該当するとき、給付基礎日額の313日～245日分の年金が支給されます。

④ 障害（補償）給付

傷病が治ゆしたときで、一定の障害が残った場合に障害等級に応じて支給されます。第1級～第7級の場合は給付基礎日額の313日～131日分の障害（補償）年金、第8級～第14級の場合は給付基礎日額の503日～56日分の障害（補償）一時金が支給されます。

⑤ 遺族（補償）給付

業務上または通勤途中の死亡に対して支給され、遺族（補償）年金と遺族（補償）一時金の2つがあります。年金は、労働者の死亡当時

■ 労災保険の給付内容

| | | |
|---|---|---|
| 目　的 | 労働基準法の災害補償では十分な補償が行われない場合に国（政府）が管掌する労災保険に加入してもらい使用者の共同負担によって補償がより確実に行われるようにする | |
| 対　象 | 業務災害と通勤災害 | |
| 業務災害（通勤災害）給付の種類 | 療養補償給付（療養給付） | 病院に入院・通院した場合の費用 |
| | 休業補償給付（休業給付） | 療養のために仕事をする事ができず給料をもらえない場合の補償 |
| | 障害補償給付（休業給付） | 身体に障害がある場合に障害の程度に応じて補償 |
| | 遺族補償給付（遺族給付） | 労災で死亡した場合に遺族に対して支払われるもの |
| | 葬祭料（葬祭給付） | 葬儀を行う人に対して支払われるもの |
| | 傷病補償年金（傷病年金） | けがや病気の場合に年金の形式で支給 |
| | 介護補償給付（介護給付） | 介護を要する被災労働者に対して支払われるもの |
| | 二次健康診断等給付 | 二次健康診断や特定保健指導を受ける労働者に支払われるもの |

その収入によって生計を維持していた一定の範囲の遺族に支給されます。

一時金は、その年金受給権者がいない場合に一定の範囲の遺族に対して給付基礎日額の1000日分が支給されます。

⑥ 葬祭料（葬祭給付）

葬祭を行った者に対し支給されます。「31万5000円＋給付基礎日額の30日分」と「給付基礎日額の60日分」のいずれか高い方が支給額です。

⑦ 介護（補償）給付

一定の障害により傷病（補償）年金または障害（補償）年金を受給し、かつ、現に介護を受けている場合に月を単位として支給されます。

⑧ 二次健康診断等給付

労働安全衛生法に基づく定期健康診断等のうち、直近の一次健康診断で、脳・心臓疾患に関連する一定の項目について異常の所見が認められる場合に、労働者の請求に基づき、二次健康診断と特定保健指導を行います。

## 労災の給付は誰が申請するのか

労災保険法に基づく保険給付等の申請ができるのは、本人かその遺族ですが、労働者がみずから保険給付の申請その他の手続を行うことが困難な場合には事業主が手続きを代行することができます。そのため、実際には会社が手続きを代行して労災申請するケースが多いのですが、たとえば「会社が不当に労災の証明に協力してくれない」というような場合には、本人がその旨の事情を記載して労働基準監督署に書類を提出することになるでしょう。

また、労災給付を受けるためには所定の手続きをすることが必要です。要件を満たす場合には、労災の給付とともに、社会保険の給付を受けることも可能です。

# 3 第三者行為災害とはどんなものなのか

**求償と控除について知っておこう**

## 第三者行為災害とは

　保険給付の原因となる事故が第三者（政府、事業主と労災保険の受給権者以外の加害者）の行為によって生じたもので、第三者が被災労働者または遺族に対して損害賠償の義務を負っているものをいいます。

　第三者行為災害が発生し、労災保険の給付を受ける場合、所轄の労働基準監督署に、「第三者行為災害届」（239～242ページ）を提出します。

　労災事故が発生した場合、被災労働者や遺族は、労災保険に対して保険給付の請求権を取得すると同時に、第三者に対して民事上の損害賠償請求権を取得することになります。

　同一事由で両者から二重の損害のてん補（補償）を受けると、過剰な利益を受けることになるので、第三者行為災害の場合、労災保険の給付と民事上の損害賠償とは支給調整されることとされています。

## 求償と控除によって給付額を調整する

　具体的な調整方法は、被災労働者や遺族がどちらの請求権を先に行使するかによって違ってきます。

　先に労災保険の給付請求権を行使した場合、政府は、保険給付の価額の限度で被災労働者や遺族が第三者に対してもつ損害賠償請求権を取得することになります。第三者の行うべき損害賠償を政府が肩代わりしたということで、後で労災保険の給付額に相当する額を第三者（交通事故の場合は保険会社など）から返してもらうわけです。このように政府が取得した損害賠償請求権を行使することを**求償**といいます。

　また、被災者が第三者から先に損害賠償を受けたときは、政府は、

その価額の限度で労災保険の給付をしないことができます。これを**控除**といいます。控除される範囲については、労災保険の給付と同一事由のものに限定されています。つまり、加害者から治療費や休業損害（休業により得ることができなくなった利益）を受けた場合は、労災保険で同一事由の療養（補償）給付や休業（補償）給付は、その価額で控除されることになります。

ただ、精神的苦痛に対する慰謝料は、労災保険の給付の対象外であり、同一事由によるものではありません。加害者から受けていても控除されないことになります。

なお、保険給付に上乗せして支給される特別支給金も控除の対象にはなりません。特別支給金とは、労災保険の社会復帰促進等事業（被災労働者の社会復帰の促進、被災労働者やその遺族の援護、適正な労働条件の確保などを目的として行われる事業のこと）から支給されるもので保険給付ではないからです。たとえば、労災保険から休業（補償）給付が支給される場合の支給額は給付基礎日額の100分の60とされていますが、これとは別に休業特別支給金が同様に100分の20支給されます。加害者から休業損害を受けた場合、特別支給金としての100分の20の部分については控除されないということです。

## 自賠責保険などとの調整について

第三者行為災害は、業務災害、通勤災害ともに発生する可能性がありますが、特に通勤災害では、自動車事故によるものが少なくありません。この場合、労災保険の給付と加害者が加入していた自賠責保険など（自動車損害賠償責任保険または自動車損害賠償責任共済）の保険金とが調整されることになります。

労災保険と自賠責保険との調整についても「求償」と「控除」の関係は、基本的には同じです。労災保険と自賠責保険のどちらを先行させるかについても、被災労働者や遺族が選択することができます。

## ④ 仕事中や通勤途中の病気やケガで治療を受けたときの届出

**無料で治療を受けることができる**

### ■ 無料で治療が受けられる

　仕事中または通勤途中の事故などによって労働者がケガをし、または病気にかかり、指定病院（労災保険が使える病院）で診てもらった場合、「療養の給付」として、無料で治療が受けられます。療養の給付の内容としては、治療費のほか、入院料や介護の費用など通常療養で必要な費用も含まれます。また、原則としてケガや病気が完治するまで給付を受けることができます。

【請求手続】

　業務災害の場合、治療を受けている医療機関（病院など）に、「療養補償給付たる療養の給付請求書（次ページ）」を提出します。通勤災害の場合には「療養給付たる療養の給付請求書」を提出します。

【添付書類】

　特にありません。

【ポイント】

　ケガなどの原因である事故が仕事中に起きた場合と通勤途中に起きた場合とで提出する用紙が異なります。

　通勤災害の場合、療養給付たる療養の給付請求書を提出しますが、裏面には通勤災害に関する事項を記入する欄があります。この欄には、災害発生の日に自宅から災害発生の場所に至った経路、方法、所要時間をわかりやすく記入します。

　なお、労災の指定薬局で薬をもらった場合は、療養（補償）給付たる療養の給付請求書を別に労災の指定薬局に提出する必要があります。

## 書式　療養補償給付たる療養の給付請求書

様式第5号（表面）　労働者災害補償保険
業務災害用
療養補償給付たる療養の給付請求書

裏面に記載してある注意事項をよく読んだ上で、記入してください。

標準字体
| 0 | ア | カ | サ | タ | ナ | ハ | マ | ヤ | ラ | ワ |
| 1 | イ | キ | シ | チ | ニ | ヒ | ミ |   | リ | ン |
| 2 | ウ | ク | ス | ツ | ヌ | フ | ム | ユ | ル |   |
| 3 | エ | ケ | セ | テ | ネ | ヘ | メ |   | レ |   |
| 4 | オ | コ | ソ | ト | ノ | ホ | モ | ヨ | ロ |   |

標準字体で記入してください。

① 帳票種別 **34550**
② 管轄局署 ////
③ 業通別 **1**（1業通 / 1全レ2全給付）
④ 受付年月日

⑤ 労働保険番号　府県 **13** 所掌 **1** 管轄 **09** 基幹番号 **123456** 枝番号 ////
⑥ 処理区分
⑦ 支給・不支給決定年月日

⑧ 性別 **3**（1男3女）
⑨ 労働者の生年月日 **5480210**
⑩ 負傷又は発病年月日 **220721**
⑪ 再発年月日
⑬ 三者 ⑭ 特疾 ⑮ 特別加入者

⑫ シメイ（カタカナ）姓と名の間は1文字あけて記入してください。
**キタダ　ケイコ**

労働者の
氏名　**北田　恵子**　（**37**歳）
フリガナ　**シブヤク　シブヤ**
住所　**渋谷区渋谷4-5-3**
職種　**事務職**
㉑郵便番号 **151-0000**

⑰ 負傷又は発病の時刻　午後 **9** 時 **50** 分頃
⑱ 災害発生の事実を確認した者の職名、氏名
職名　**総務課長**
氏名　**西村一郎**

⑲ 災害の原因及び発生状況
㉒どのような場所で㉓どのような作業をしているときに㉔どのような物又は環境に㉕どのような不安全な又は有害な状態があって㉖どのような災害が発生したか詳細に記入すること。

**書類をロッカーに格納する際に踏み台で足を滑らせて転倒し右手首を骨折してしまった。**

㉓指定病院等の
名称　**東新宿病院**　電話番号 **3456** 局 **7890** 番
所在地　**新宿区東新宿3-5-2**　郵便番号 **160-9999**

㉔傷病の部位及び状態

⑫の者については、⑲、⑰及び⑱に記載したとおりであることを証明します。　**22** 年 **7** 月 **21** 日
事業の名称　**株式会社南北商会**　電話番号 **1234** 局 **5678** 番
事業場の所在地　**新宿区東新宿1-2-3**　郵便番号 **160-9999**
事業主の氏名　**代表取締役　南山次郎**　（法人その他の団体であるときはその名称及び代表者の氏名）

労働者の所属事業場の名称・所在地
（注意）労働者の所属事業場の名称・所在地については、労働者が直接所属する事業場が一括適用の取扱いをしている支店、工場、工事現場等の場合に記載すること。

上記により療養補償給付たる療養の給付を請求します。　**22** 年 **7** 月 **21** 日
**新宿** 労働基準監督署長 殿
**東新宿**（病院・診療所・薬局・訪問看護事業者）経由
郵便番号 **151-0000**　電話番号 **3111** 局 **4222** 番
請求人の　住所 **渋谷区渋谷4-5-3**
氏名　**北田　恵子**　㊞

支不給決定決議書
| 署長 | 次長 | 課長 | 係長 | 係 | 決定年月日 | ・　・ |

不支給の理由

調査年月日　　・　・
復命書番号　第　　号　　第　　号

（この欄は記入しないでください。）

# 5 労災で治療を受けている病院を変えたいときの届出

通院する病院を変更する場合には届出をする

## ■ 治療を受けている病院を替わるとき

　すでに労災の指定病院で治療を受けている人が、通院が困難な場合や帰郷などの理由で他の労災指定病院に「転院」した場合に必要な手続きです。労災の指定病院外の病院から労災の指定病院への転院または、その逆の場合は、手続きが異なりますので注意が必要です。

【請求手続】
　業務災害の場合には、変更した医療機関に「療養補償給付たる療養の給付を受ける指定病院等（変更）届（次ページ）」を提出します。
　なお、通勤災害の場合には、「療養給付たる療養の給付を受ける指定病院等変更届」という別の書類を提出します。

【添付書類】
　特にありません。

【ポイント】
　ケガなどの原因となった事故が仕事中に起きた場合と通勤途中に起きた場合とで提出する用紙が異なります。
　変更前の労災指定病院と変更後の労災指定病院の名称や所在地を記入します。また、医療機関を変更する理由を記入します。
　この変更届は、労災の指定病院から指定病院への変更に伴う手続きです。そのため、たとえば、労災の指定病院になっていない病院や接骨院への変更である場合には、処理が異なりますので、変更後の病院が、労災の指定病院かどうかを確認する必要があります。

## 書式　療養補償給付たる療養の給付を受ける指定病院等（変更）届

様式第6号

労働者災害補償保険
療養補償給付たる療養の給付を受ける指定病院等（変更）届

労働基準監督署長　殿　　　　　　　　　　　22年　8月　20日

（渋谷中央　病院／診療所／薬局／訪問看護事業者　経由）

（郵便番号　151-0000）
届出人の　住所　渋谷区渋谷4－5－3　電話番号　3111局4222番
　　　　　氏名　北田　恵子　　　　　　　　　　　㊞（北田）

下記により療養補償給付たる療養の給付を受ける指定病院等を（変更するので）届けます。

| ①労働保険番号 | | | | | ③氏名 | 北田　恵子（男・女） | ④負傷又は発病年月日 |
|---|---|---|---|---|---|---|---|
| 府県 | 所掌 | 管轄 | 基幹番号 | 枝番号 | 労働者の | 生年月日　48年2月10日（37歳） | 22年7月21日 |
| 13 | 1 | 09 | 123456 | | | 住所　渋谷区渋谷4－5－3 | 午前・後　9時50分頃 |
| ②年金証書の番号 | | | | | | 職種　事務職 | |
| 管轄局 | 種別 | 西暦年 | 番号 | | | | |

⑤災害の原因及び発生状況
書類をロッカーに格納する際に、踏み台で足を滑らせて転倒し、右手首を骨折してしまった。

⑤の者については、④及び⑤に記載したとおりであることを証明します。

22年　8月　20日
事業の名称　株式会社　南北商会
　郵便番号　160-9999
事業場の所在地　新宿区東新宿1－2－3　電話番号　1234局5678番
事業主の氏名　代表取締役　南山　次郎　　㊞（代表者印）
（法人その他の団体であるときはその名称及び代表者の氏名）

| ⑥指定病院等の変更 | 変更前の | 名称 | 東新宿病院 | （労災指定医番号　　　） |
|---|---|---|---|---|
| | | 所在地 | 新宿区東新宿3－5－2 | |
| | 変更後の | 名称 | 渋谷中央病院 | |
| | | 所在地 | 渋谷区渋谷本町1－1－1 | |
| | 変更理由 | | 通院に不便なため、自宅近くの病院に転院したもの | |

| ⑦傷病補償年金の支給を受けることとなった後に療養の給付を受けようとする指定病院等の | 名称 | |
|---|---|---|
| | 所在地 | |

| ⑧傷病名 | 右手首骨折 |
|---|---|

（物品番号　6213）21.12

## ⑥ 労災指定病院以外の病院で治療を受けたときの手続き

いったん全額を支払い、後で請求することになる

### ■ 労災保険を使って治療費を立て替える

労災での治療は、金銭の給付を受ける代わりに治療という行為の給付を受ける現物給付が原則です。

しかし、近くに労災の指定病院がない場合など、現物給付を受けることができない特定の事情がある場合には、かかった費用を自分でいったん支払い、後日管轄の労働基準監督署からそのかかった費用相当額の金銭の支払いを受ける現金給付の制度を利用することもできます。

【請求手続】

受けた治療の内容によって使用する療養の費用請求書の用紙（様式）が異なります。ただ、すべての様式に共通しているのは、医師や薬剤師などの証明を受け、支払った費用の領収書を添付して管轄の労働基準監督署に提出するという点です。

使用する請求書の種類は以下の①〜⑤のとおりです。業務中ではなく、通勤中に被災した場合には、業務災害の場合とは提出する書式が異なり、療養給付たる療養の費用請求書を提出することになります。

本書では、①の療養補償給付たる療養の費用請求書（235ページ）の書式を掲載します。

① 労災の指定病院以外で治療を受けた場合や、ギプスなどの装具を装着した場合
療養補償給付たる療養の費用請求書（様式第7号(1)、235ページ）

② 労災の指定薬局以外で投薬を受けた場合
療養補償給付たる療養の費用請求書（様式第7号(2)）

③　柔道整復師に施術を受けた場合
　　療養補償給付たる療養の費用請求書（様式第7号(3)）
④　あんま・はり・きゅうを受けた場合
　　療養補償給付たる療養の費用請求書（様式第7号(4)）
⑤　訪問看護を受けた場合
　　療養補償給付たる療養の費用請求書（様式第7号(5)）になります。

【添付書類】
①　支払った費用の領収書
②　看護や移送を利用した場合は、支払った費用についての明細書と看護や移送をした者の請求書または領収書
③　マッサージの施術を受けた場合は、1回目の請求時と、初めて施術を受けた日から6か月を経過した時の請求時について、それぞれ別に医師の診断書を添付します。また、6か月を経過した時後は3か月ごとの請求時に医師の診断書を添付します。
④　はり・きゅうの施術を受けた場合も、マッサージの施術を受けた場合と同様に医師の診断書を添付します。6か月経過後の取り扱いが異なりますので注意が必要です。はり・きゅうの場合、初めて施術を受けた日から9か月を経過した時点の請求時にはり師、きゅう師の意見書と症状の経過表と、医師の診断書と意見書を添付します。

# 書式　療養補償給付たる療養の費用請求書

様式第7号（1）（裏面）

| ⑦労働者の所属事業場の名称・所在地 | 株式会社 南北商会　新宿区東新宿1-2-3 | ⑧負傷又は発病の時刻 | 午(前)後 9時 50分頃 | ⑩災害発生の事実を確認した者の | 職名 事務職　氏名 北田 恵子 |
|---|---|---|---|---|---|

⑨災害の原因及び発生状況　㋐どのような場所で㋑どのような作業をしているときに㋒どのような物又は環境に㋓どのような不安全な又は有害な状態があって㋔どのような災害が発生したかを詳細に記入してください。

書類をロッカーに格納する際に、踏み台で足を滑らせて転倒し、右手首を骨折してしまった。

## 療養の内訳及び金額

（注意）

| 診療内容 | | 点数(点) | 診療内容 | 金額 | 摘要 |
|---|---|---|---|---|---|
| 初診 | 時間外・休日・深夜 | | 初診 | 円 | |
| 再診 | 外来診療料 ×　回 | | 再診 | 回　円 | |
| | 継続管理加算 ×　回 | | 指導 | 回　円 | |
| | 外来管理加算 ×　回 | | その他 | 円 | |
| | 時間外 ×　回 | | | | |
| | 休日 ×　回 | | 食事（基準　） | | |
| | 深夜 ×　回 | | 円×　回 | 円 | |
| 指導 | | | 円×　回 | 円 | |
| 在宅 | 往診 回 | | 円×　日 | 円 | |
| | 夜間 回 | | | | |
| | 緊急・深夜 回 | | 小計 ② | 円 | |
| | 在宅患者訪問診療 回 | | | | |
| | その他 | | 摘　　要 | | |
| | 薬剤 回 | | | | |
| 投薬 | 内服 薬剤 単位 | | | | |
| | 調剤 ×　回 | | | | |
| | 屯服 薬剤 単位 | | | | |
| | 外用 薬剤 単位 | | | | |
| | 調剤 ×　回 | | | | |
| | 処方 ×　回 | | | | |
| | 麻毒 回 | | | | |
| | 調基 | | | | |
| 注射 | 皮下筋肉内 回 | | | | |
| | 静脈内 回 | | | | |
| | その他 回 | | | | |
| 処置 | 回 | | | | |
| | 薬剤 | | | | |
| 手術麻酔 | 回 | | | | |
| | 薬剤 | | | | |
| 検査 | 回 | | | | |
| | 薬剤 | | | | |
| 画像診断 | 回 | | | | |
| | 薬剤 | | | | |
| その他 | 処方せん 回 | | | | |
| | 薬剤 | | | | |
| 入院 | 入院年月日　　年　月　日 | | | | |
| | 病・診・衣 入院基本料・加算 | | | | |
| | ×　日間 | | | | |
| | ×　日間 | | | | |
| | ×　日間 | | | | |
| | ×　日間 | | | | |
| | 特定入院料・その他 | | | | |
| 小計 | 点 ① | 円 | 合計金額 ①+② | 円 | |

一、共通の注意事項
　㊀ 事項を選択する場合には、該当する事項を○で囲んでください。
　㊁ ④の欄には、その費用についての明細書及び看護移送等についての明細書を添付してください。
　㊂ ④の期間には、最終の領収書の発行年月日を記載してください。
　㊃ 労働者の直接所属する事業場が一括適用の取扱いを受けている場合には、労働者の直接所属する支店、工場、工事現場等の名称、所在地を記載してください。

二、傷病補償年金の受給権者が当該傷病に係る療養の費用を請求する場合以外の場合には、㊁及び④の事項を記載する必要はありません。

三、「事業主の証明」は、⑨に記載した災害の事実を確認した者が多数あるときは最初に確認した者が記載してください。
　㊄ ④及び⑤の事項は、第二回以後の請求が離職後である場合には事業主の証明を受ける必要はありません。
　㊅ 第三回以後の請求の場合には⑦及び⑩の事項を記載する必要はありません。

四、注意事項
　「請求人の氏名」の欄は、請求人が記載してください。記名押印することに代えて、自筆による署名をすることができます。

| 表面の記入枠を訂正したときの訂正印欄 | 削　字　㊞ 加　字 | 社会保険労務士記載欄 | 作成年月日提出代行者の表示 | 氏　　名 | 電話番号 |
|---|---|---|---|---|---|
| | | | | ㊞ | |

# 7 第三者による行為で労働災害にあったときの届出

労災の給付と民事上の損害賠償の調整が行われる

## ■ 2つの賠償の両方はもらえない

　業務中や通勤途中に交通事故にあったり、建設工事現場から落ちてきた物にあたってケガをした場合のように、第三者の行為によって受ける災害を**第三者行為災害**といいます。

　業務中や通勤途中以外の災害については、労災ではなく、健康保険の給付の対象になります。

【請求手続】

　第三者行為災害において、労災保険の保険給付を受けるには、所轄の労働基準監督署に「第三者行為災害届」(239〜242ページ)を2部提出します。第三者行為災害届とともに、以下の添付書類をあわせて提出します。また、災害を発生させた第三者が労働基準監督署に提出する書類として、第三者行為災害報告書があります。

【添付書類】

① 交通事故証明書(交通事故発生届、103ページ)　2部
② 念書　2部
③ 示談がすんでいる場合は示談書(写)　1部
④ 仮渡金(98ページ)や賠償金を受けている場合は、自賠責保険などの損害賠償額等支払証明書または保険金支払通知書　1部
⑤ 死亡の場合は、死亡診断書・戸籍謄本　1部
⑥ 通勤途中にケガをした場合は、通勤災害に関する事項　2部

　また、交通事故以外の災害、たとえば、傷害などの場合の添付書類は②・③・⑤・⑥になります。

【ポイント】
- **第三者行為災害届**（次ページ）

　この届は支給調整を適正に行うために必要なものです。労災保険の請求書と同時に提出してください。ひき逃げなどで相手方が不明な場合は、相手方が記入する欄に「加害者不明」と記載します。第三者行為災害届（届その２）は、交通事故以外の災害の時は、提出する必要がありません。

　通勤災害の場合は事業主の証明は必要ありません。

　添付書類の通勤災害に関する書類は、通勤災害の保険給付の請求をするときに、保険給付の請求書といっしょに提出します。また、同一の災害について一度提出すればよいことになっています。

- **念書**

　念書は、労災保険の給付を受けるにあたって遵守しなければいけない事項について同意する書面です。念書には、労災保険の給付を受けられる本人が署名することが必要です。

- **第三者行為災害報告書**（調査書）

　被災者ではなく、加害者が提出する書面に第三者行為災害報告書（調査書）があります。三者行為災害報告書は、第三者に関する事項、災害発生状況及び損害賠償金の支払状況等を確認するための書類です。

　労災保険の給付を行う原因となった災害を発生させた第三者に該当する加害者に対して、労働基準監督署が第三者行為災害報告書の提出を求めることになります。

- **交通事故発生届**（103ページ）

　「交通事故証明書」は、自動車安全運転センターの証明が必要になります。郵便局にある申込み用紙に手数料（１通540円）を添えて申し込みます。警察署へ届け出ていないといった理由で、自動車安全運転センターの交通事故証明書を受け取ることができない場合に、交通事故発生届を提出します。

## 書式　第三者行為災害届

(届その1)

第三者行為災害届（業務災害・通勤災害）
（交通事故・交通事故以外）

平成　22年　5月　24日

労働者災害補償保険法施行規則第22条の規定により届けます。

保険給付請求権者
　住　所　港区中央2－3－4
　氏　名　サトウ　マナブ　佐藤　学　　郵便番号（　107-0001　）㊞
　電話（　03　－　3123　－　4567　）

新宿　労働基準監督署長　殿

### 1　第一当事者（被災者）
氏　名　フリガナ　サトウ　マナブ　佐藤　学　（男）・女
生年月日　昭和42年　3月　12日（43歳）
住所　港区中央2－3－4
職種　営業職

### 2　第一当事者（被災者）の所属事業場
労働保険番号

| 府県 | 所掌 | 管轄 | 基幹番号 | 枝番号 |
|---|---|---|---|---|
| 13 | 1 | 09 | 123456 | |

名称　株式会社　南北商会
所在地　新宿区東新宿1－2－3
郵便番号　160-9999　電話　03－1234－5678
代表者（役職）代表取締役
　（氏名）南山　次郎
担当者（所属部課名）総務課　総務課長
　（氏名）西村　一郎

### 3　災害発生
日時　平成　22年　5月　11日
午前・(午後)　2時　15分頃
場所　文京区白川4丁目15番地
　　　白川駅前国道2号線上

### 4　第二当事者（相手方）
氏　名　野田　隆　　　　（35歳）
住所　板橋区板橋7－1－15
郵便番号　179-0001　電話　03－9123－4567
第二当事者（相手方）が業務中であった場合
所属事業場名称　高田運送（株）
所在地　足立区西千住1－2－5
郵便番号　123-4567　電話　03－8012－9345
代表者（役職）代表取締役
　（氏名）三好　利夫

### 5　災害調査を行った警察署又は派出所の名称
白川　警察署　交通係（派出所）

### 6　災害発生の事実の確認者（5の災害調査を行った警察署又は派出所がない場合に記入してください）
氏名
住所
郵便番号　－　電話　－

### 7　あなたの運転していた車両（あなたが運転者の場合にのみ記入してください）

| 車種 | 大・普・特・自二・軽自・原付自 | 登録番号（車両番号） | | |
|---|---|---|---|---|
| 運転者の免許 | 有　無 | 免許の種類 | 免許証番号 | 資格取得　年　月　日 | 有効期限　年　月　日まで | 免許の条件 |

(物品番号 6514) 20.7

第7章　労災保険のしくみと利用法

(届その2)

8 事故現場の状況
　天　候　(晴)・曇・小雨・雨・小雪・雪・暴風雨・霧・濃霧
　見透し　(良)い・悪い（障害物　　　　　　　　　　　　　　　　　　　　　　　　　　　　　　　　　　　　　　　　　　　　　　　　　　　　　　　　　　　　　　　　　　　　　　　　　　　　　　　　　　　　　　　　　　　　　　　　　　）があった。)
　道路の状況　(あなた（被災者）が運転者であった場合に記入してください。)
　　　　　　　　道路の幅（　　　　　m）、(舗装)・非舗装、坂（上り・下り・緩・急）
　　　　　　　　でこぼこ・砂利道・道路欠損・工事中・凍結・その他（　　　　　　　　　　　　　　　）
　　　　　　(あなた（被災者）が歩行者であった場合に記入してください。)
　　　　　　　　歩車道の区別が（ある・ない）道路、車の交通頻繁な道路、住宅地・商店街の道路
　　　　　　　　歩行者用道路（車の通行　許・否）、その他の道路
　標　識　速度制限（　　　40 km/h）・追い越し禁止・一方通行・歩行者横断禁止（有・無）
　　　　　一時停止（有・(無))・停止線(有)・無)
　信号機　無・(有)・　青色で交差点で入った。)、信号機時間外（黄点滅・赤点滅　　　　　　　　）
　　　　　横断歩道上の信号機(有)・無)
　交通量　(多)い・少ない・中位

9 事故当時の行為、心身の状況及び車両の状況
　心身の状況　(正常)・いねむり・疲労・わき見・病気（　　　　　　　　　　　　　　　　　　　　　　　）・飲酒
　あなたの行為　(あなた（被災者）が運転者であった場合に記入してください。)
　　　　　　　　直前に警笛を（(鳴らした)・鳴らさない)、相手を発見したのは（　　　　　　　m手前
　　　　　　　　ブレーキを(かけた)(スリップ　　　　m)・(かけない)、方向指示灯(だした・(ださない))
　　　　　　　　停止線で一時停止(した・(しない))、速度は約（　　　　　）km/h 相手は約（　　　　　）km/h
　　　　　　(あなた（被災者）が歩行者であった場合に記入してください。)
　　　　　　　　横断中の場合　横断場所　　　　　　、信号機　　　　　　　色で横断歩道に入った。
　　　　　　　　　　　　　　　左右の安全確認（した・しない)、車の直前・直後を横断（した・しない)
　　　　　　　　通行中の場合　通行場所　　（歩道・車道・歩車道の区別がない道路）
　　　　　　　　　　　　　　　通行のしかた　（車と同方向・対面方向）

10 第二当事者（相手方）の自賠責保険（共済）及び任意の対人賠償保険（共済）に関すること
(1) 自賠責保険（共済）について
　証明書番号　第　S112233001　号
　保険（共済）　(氏名)　高田運送（株）
　契約者　　　(住所)　足立区西千住1－2－5

　第二当事者（相手方）と契約者との関係　契約者の従業員
　保険会社の管轄店名　東都火災保険（株）足立支店
　管轄店所在地　足立区千住3－2－1

　郵便
　番号　128－0001　電話　03　－　3001　－　2000

(3) 保険金（損害賠償額）請求の有無　有・(無)
　有の場合の　イ　自賠責保険（共済）単独
　請求方法　　ロ　自賠責保険（共済）と任意の対人賠償
　　　　　　　　　保険（共済）との一括
　保険金（損害賠償額）の支払を受けている場合は、受けた者の氏名、金額及びその年月日
　氏名
　金額　　　　　　　　　　　　　　　　　　円
　受領年月日　　　　　年　　　月　　　日

12 あなた（被災者）の人身傷害補償保険に関すること
　人身傷害補償保険に　（加入している・していない）

　証券番号　第　　　　　　　　　号
　保険（共済）　(氏名)
　契約者　　　(住所)

　保険金　　　万円
　あなた（被災者）と契約者との関係

(2) 任意の対人賠償保険（共済）について
　証券番号　第　1234561001　号
　保険（共済）　(氏名)　高田運送（株）
　契約者　　　(住所)　足立区西千住1－2－5

　保険金額　対人　無制限　万円
　第二当事者（相手方）と契約者との関係　従業員
　保険会社の管轄店名　東都火災保険（株）足立支店
　管轄店所在地　足立区千住3－2－1

　郵便
　番号　128－0001　電話　03　－　3001　－　2000

11 運行供用者が第二当事者（相手方）以外の場合の運行供用者
　名称（氏名）　高田運送（株）
　所在地（住所）　足立区西千住1－2－5

　郵便
　番号　128－0001　電話　03　－　3001　－　2000
　運行供用者が法人である場合の代表者
　氏名　三好　利夫
　役職　代表取締役

　保険会社の管轄店名
　管轄店所在地

　郵便
　番号　　　－　　　　電話　　　－　　　－
　人身傷害補償保険金の請求の有無　　有・無
　人身傷害補償保険金の支払を受けている場合は、受けた者の氏名、金額及びその年月日
　氏名
　金額　　　　　　　　　　　　　　　　　　円
　受領年月日　　　　　年　　　月　　　日

(物品番号 6515) 20.7

(届その3)

## 13 災害発生状況
第一当事者（被災者）・第二当事者（相手方）の行動、災害発生原因と状況をわかりやすく記入してください。

水道橋にあるお得意先に、注文された商品を届けに行く途中、国道2号線と国道14号線の交差点で青信号を直進したところ、前方より加害者（野田）運転の車が、右折してきて私の車にぶつかってきた。
このため私は頭と胸を強く打ち負傷しました。

## 14 現場見取図
道路方面の地名（至〇〇方面）、道路幅、信号、横断歩道、区画線、道路標識、接触点等くわしく記入してください。

（届その4に記載しました。）

表示符号
自　車　　横断禁止　　信　号　　横断歩道
相手車　　人　　　　（赤、黄、青の表示）　接触点 ×
進行方向　自転車
　　　　　オートバイ　一時停止

## 15 過失割合
私の過失割合は　　　　0 ％、
相手の過失割合は　　100 ％だと思います。
理由　対向の直進車があるにもかかわらず、
　　　相手方が急ハンドルを切って右折して
　　　きたため

## 16 示談について
イ　示談が成立した。（　年　月　日）
ロ　交渉中
ハ　示談はしない。
ニ　示談をする予定（　年　月　日頃予定）
ホ　裁判の見込み（　年　月　日頃提訴予定）

## 17 身体損傷及び診療機関

|  | 私（被災者）側 | 相手側（わかっていることだけ記入してください。） |
|---|---|---|
| 部位・傷病名 | 胸部（ろっ骨）骨折 | 身体損傷なし |
| 程　度 | 全治3ヶ月（入院加療7日間） | |
| 診療機関名称 | 東都医大病院 | |
| 所　在　地 | 文京区白川2－2－10 | |

## 18 損害賠償金の受領

| 受領年月日 | 支払者 | 金額・品目 | 名目 | 受領年月日 | 支払者 | 金額・品目 | 名目 |
|---|---|---|---|---|---|---|---|
|  |  |  |  |  |  |  |  |
|  |  |  |  |  |  |  |  |
|  |  |  |  |  |  |  |  |

事業主の証明

1欄の者については、2欄から6欄、13欄及び14欄に記載したとおりであることを証明します。

平成　　年　　月　　日

事業場の名称　株式会社 南北商会
事業主の氏名　代表取締役 南山 次郎　㊞
　　　　　　　（法人の場合は代表者の役職・氏名）

(物品番号 6516) 20.7

(届その4)

## 第三者行為災害届を記載するに当たっての注意事項

1　災害発生後、すみやかに提出してください。
　　なお、不明な事項がある場合には、空欄とし、提出時に申し出てください。
2　業務災害・通勤災害及び交通事故・交通事故以外のいずれか該当するものに○をしてください。
　　なお、例えば構内における移動式クレーンによる事故のような場合は交通事故に含まれ、自転車同士の衝突事故のような場合は交通事故には含まれません。
3　通勤災害の場合には、事業主の証明は必要ありません。
4　第一当事者（被災者）とは、労災保険給付を受ける原因となった業務災害又は通勤災害を被った者をいいます。
5　災害発生の場所は、○○町○丁目○○番地○○ストア前歩道のように具体的に記入してください。
6　第二当事者（相手方）が業務中であった場合には、「届その1」の4欄に必ず記入してください。
7　第二当事者（相手方）側と示談を行う場合には、あらかじめ所轄労働基準監督署に必ず御相談ください。
　　示談の内容によっては、保険給付を受けられない場合があります。
8　交通事故以外の災害の場合には「届その2」を提出する必要はありません。
9　運行供用者とは、自己のために自動車の運行をさせる者をいいますが、一般的には自動車の所有者及び使用者等がこれに当たります。
10　「現場見取図」について、作業場における事故等で欄が不足し書ききれない場合にはこの用紙の下記載欄を使用し、この「届その4」もあわせて提出してください。
　　なお、「届その3」の14欄に記載した場合には「届その4」の提出は不要です。
11　損害賠償金を受領した場合には、第二当事者（相手方）又は保険会社等からを問わずすべて記入してください。
12　この届用紙に書ききれない場合には、適宜別紙に記載してあわせて提出してください。
13　この用紙は感圧紙（2部複写）になっていますので、2部とも提出してください。
　　なお、この上でメモ等をしますと下に写りますので注意してください。
14　「保険給付請求権者の氏名」の欄及び「事業主の氏名」の欄は、記名押印することに代えて、自筆による署名をすることができます。

### 現 場 見 取 図

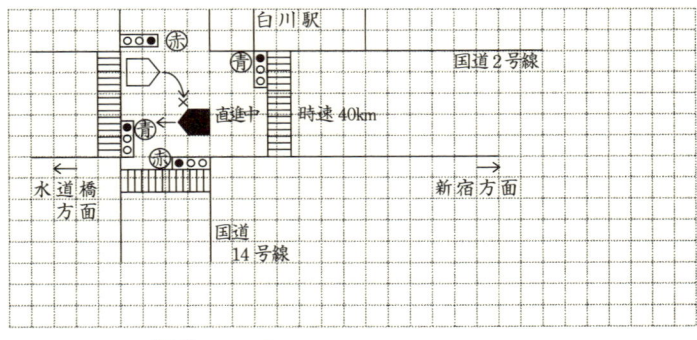

(物品番号 6517) 20.7

# 8 業務中や通勤途中にケガや病気をしたときの届出

労働者の休業中の生活費が支給される

### ■ 業務中と通勤途中では使う書類が違う

　従業員が業務中や通勤途中のケガや病気が原因で労働することができず、給料を受けられない場合に休業（補償）給付を受けることができます。この場合、休業した日の4日目から所得補償として休業（補償）給付と休業特別支給金が支給されます。支給額は次のとおりです。

> 休業（補償）給付＝給付基礎日額の60％×休業日数
> 休業特別支給金＝給付基礎日額の20％×休業日数

### 【請求手続】

　業務災害の場合は、休業補償給付支給請求書（245ページ）に治療を受けている医師から労務不能であった期間の証明を受け、管轄の労働基準監督署に提出します。また、休業特別支給金は、休業（補償）給付支給請求書と同一の用紙で同時に請求を行うことができます。通勤災害の場合は、休業給付支給請求書を使用します。

### 【添付書類】

　①出勤簿
　②賃金台帳

### 【ポイント】

　休業の期間が長期になる場合は、1か月ごとに請求します。

　休業してから3日間（待期期間といいます）の間は、休業（補償）給付は支給されません。ただ、業務災害の場合は事業主が待機期間の3日分を補償しなければなりません。その額は、平均賃金の60％以上

とされています。

　待期期間の3日間は、連続していても断続していてもかまいません。

　休業日の初日は治療を受け始めた日になります。たとえば、ケガの発生が所定労働時間内であればその日が休業日の初日ということになります。しかし、ケガの発生が所定労働時間外の場合は、その日の翌日が休業日の初日となります。

　平均賃金算定内訳の計算方法は、原則として、業務中や通勤途中の災害によるケガや病気の原因となった事故が発生した日の直前の賃金締切日に、その従業員に対して支払われた給料の総額をその期間の暦日数で除した金額です。なお、給料の締切日があるときは災害発生日の直前の給料の締切日からさかのぼった3か月間になります。

　書式の⑳の療養のため労働できなかった期間とは、病院などで療養を受けていて休業していることが前提になります。そのため、病院にかからず自宅療養をしている場合は支給の対象になりません。

　休業（補償）給付支給請求書には、事業主の証明が必要になりますが、2回目以降の請求が退職後の場合は証明欄の記入は必要ありません。

　平均賃金算定内訳のAの賃金は、労働日数に関係なく一定の期間に支払われた賃金を記入します。月給制の人の基本手当や職務手当などがこれに該当します。Bは労働日数や労働時間数に応じて支払われた賃金を記入します。日給制の人の基本給や時間外手当などがこれに該当します。

　2回目以降の請求の場合、様式第8号の裏面の㉜欄から㊲欄（246ページ）と、平均賃金算定内訳（247ページ）については記入の必要がありません。

　治療を受けている医師に証明を書いてもらうわけですが、記載もれがある場合もありますので、労働基準監督署に提出する前に再度見直すようにします。

## 書式　休業補償給付支給請求書

（様式第8号（表面）労働者災害補償保険 休業補償給付支給請求書・休業特別支給金支給申請書（同一傷病分））

帳票種別 ※34310

② 労働保険番号：13109123456
⑤ 労働者の性別：3（男）　⑥ 労働者の生年月日：5 480210　⑦ 負傷又は発病年月日：2 220721
⑫ シメイ（カタカナ）：キタダ　ケイコ
氏名：北田 恵子（37歳）
住所：渋谷区渋谷4-5-3

⑱ 療養のため労働できなかった期間：220721から220820まで 31日のうち 31日

新規・変更
開いた金融機関：東都　渋谷支店
口座名義人：北田恵子
メイギニン（カタカナ）：キタダ　ケイコ

22年7月23日
事業の名称：株式会社南北商会　電話1234-5678
事業場の所在地：新宿区東新宿1-2-3　郵便番号160-9999
事業主の氏名：代表取締役　南 山次郎

傷病の部位及び傷病名：右手首骨折
療養の期間：22年7月21日から22年8月20日まで31日間　診療実日数15日
療養の現況 22年8月10日　治ゆ・死亡・転医・中止・継続中
療養することができなかったと認められる期間：22年7月21日から22年8月20日まで 31日間のうち 31日

22年8月20日
病院又は診療所の所在地：新宿区東新宿3-5-2　電話3456-7890
名称：東新宿病院
診療担当者氏名：小川 浩

上記により休業補償給付の支給を、休業特別支給金の支給を申請します。
22年8月23日
郵便番号151-0000　電話3111-4222
住所：渋谷区渋谷4-5-3
請求人の申請人：氏名　北田 恵子

新宿 労働基準監督署長 殿

第7章　労災保険のしくみと利用法

245

様式第8号（裏面）

〔注意〕

| ㉜ | ⑫労働者の職種 | ⑬負傷又は発病の時刻 | ⑭平均賃金（算定内訳別紙1のとおり） |
|---|---|---|---|
| | 事務職 | 午後 9時 50分頃 | 10,197円 80銭 |

| | ⑮所定労働時間 | 午前 9時00分から午後 5時00分まで | ⑯休業補償給付額、休業特別支給金額の改定比率 （平均給与額証明書のとおり） |
|---|---|---|---|

㉟ ⑰災害の原因及び発生状況　㋐どのような場所で　㋑どのような作業をしているときに　㋒どのような物又は環境に㋓どのような不安全な又は有害な状態があって　㋔どのような災害が発生したかを詳細に記入すること

書類をロッカーに格納する際に踏み台で足を滑らせて転倒し、
右手首を骨折してしまった。

⑱厚生年金保険等の受給関係

| ⑦基礎年金番号 | | ㊄被保険者資格の取得年月日 | 年 月 日 |
|---|---|---|---|
| ㈧当該傷病に関して支給される年金の種類等 | 年金の種類 | 厚生年金保険法の　イ障害年金　ロ障害厚生年金 国民年金法の　ハ障害年金　ニ障害基礎年金 船員保険法の　ホ障害年金 | |
| | 障害等級 | | 級 |
| | 支給される年金の額 | | 円 |
| | 支給されることとなった月日 | 年 月 日 | |
| | 基礎年金番号及び厚生年金等の年金証書の年金コード | | |
| | 所轄年金事務所等 | | |

表面の記入枠を訂正したときの訂正印欄　削　字　㊞　加　字

| 社会保険労務士記載欄 | 作成年月日・提出代行者・事務代理者の表示 | 氏　名　㊞ | 電話番号 |
|---|---|---|---|

| 労働保険番号 | | | | | 氏 名 | 災害発生年月日 |
|---|---|---|---|---|---|---|
| 府県 | 所掌 | 管轄 | 基幹番号 | 枝番号 | 北田 恵子 | 22年 7月 21日 |
| 13 | 1 | 09 | 123456 | | | |

## 平均賃金算定内訳

(労働基準法第12条参照のこと。)

| 雇入年月日 | | 16年 12月 1日 | | 常用・日雇の別 | | **常用**・日雇 | |
|---|---|---|---|---|---|---|---|
| 賃金支給方法 | | **月給**・週給・日給・時間給・出来高払制・その他請負制 | | | 賃金締切日 | 毎月 日 | |

| | | 賃金計算期間 | 4月21日から<br>5月20日まで | 5月21日から<br>6月20日まで | 6月21日から<br>7月20日まで | 計 | |
|---|---|---|---|---|---|---|---|
| A | 月・週その他一定の期間によって支払ったもの | 総日数 | 30 日 | 31 日 | 30 日 ㋑ | 91 日 | |
| | | 賃金 | 基本賃金 | 270,000円 | 270,000円 | 270,000円 | 810,000円 |
| | | | 職務手当 | 20,000 | 20,000 | 20,000 | 60,000 |
| | | | 残業手当 | 10,000 | 10,000 | 10,000 | 30,000 |
| | | | 計 | 300,000円 | 300,000円 | 300,000円 | 900,000円 ㋺ |
| B | 日若しくは時間又は出来高払制その他の請負制によって支払ったもの | 賃金計算期間 | 4月21日から<br>5月20日まで | 5月21日から<br>6月20日まで | 6月21日から<br>7月20日まで | 計 | |
| | | 総日数 | 30 日 | 31 日 | 30 日 ㋑ | 91 日 | |
| | | 労働日数 | 19 日 | 21 日 | 21 日 | 61 日 ㋩ | |
| | | 賃金 | 基本賃金 | 円 | 円 | 円 | 円 |
| | | | 残業手当 | 12,000 | 9,000 | 7,000 | 28,000 |
| | | | 手当 | | | | |
| | | | 計 | 12,000円 | 9,000円 | 7,000円 | 28,000円 ㋥ |
| 総 | | 計 | 312,000円 | 309,000円 | 307,000円 | 928,000円 ㋭ | |
| 平均賃金 | | 賃金総額㋭ 928,000 円÷総日数㋑ 91 = 10,197 円 80 銭 | | | | | |

最低保障平均賃金の計算方法
Aの㋺  900,000円÷総日数㋑ 91=  9,890円 11銭 ㋬
Bの㋥  28,000円÷労働日数㋩ 61 × $\frac{60}{100}$ =  275円 41銭 ㋣
  9,890円 11銭+㋣ 275円 41銭 = 10,165円 52銭 (最低保障平均賃金)

| 日日雇い入れられる者の平均賃金(昭和38年労働省告示第52号による。) | 第1号又は第2号の場合 | 賃金計算期間 | ㋠労働日数又は労働総日数 | ㋣賃金総額 | 平均賃金(㋠÷㋣×$\frac{73}{100}$) |
|---|---|---|---|---|---|
| | | 月 日から<br>月 日まで | 日 | 円 | 円 銭 |
| | 第3号の場合 | 都道府県労働局長が定める金額 | | | 円 |
| | 第4号の場合 | 従事する事業又は職業<br>都道府県労働局長が定めた金額 | | | 円 |
| 漁業及び林業労働者の平均賃金(昭和24年労働省告示第5号第2条による。) | 平均賃金協定額の承認年月日 | 年 月 日 職種 | | 平均賃金協定額 | 円 |

① 賃金計算期間のうち業務外の傷病の療養等のため休業した期間の日数及びその期間中の賃金を業務上の傷病の療養のため休業した日数及びその期間中の賃金とみなして算定した平均賃金
  (賃金の総額㋭-休業した期間にかかる②の㋠) ÷ (総日数㋑-休業した期間②の㋑)
  (     円-     円)÷(     日-     日)=     円 銭

様式第8号(別紙1)(裏面)

<table>
<tr><td colspan="6">② 業務外の傷病の療養等のため休業した期間<br>及びその期間中の賃金の内訳</td></tr>
<tr><td>賃金計算期間</td><td>月　日から<br>月　日まで</td><td>月　日から<br>月　日まで</td><td>月　日から<br>月　日まで</td><td colspan="2">計</td></tr>
<tr><td>業務外の傷病の療養等のため<br>休業した期間の日数</td><td>日</td><td>日</td><td>日</td><td>㋓</td><td>日</td></tr>
<tr><td rowspan="4">休業した期間中の賃金業務外の傷病の療養等のため</td><td>基本賃金</td><td>円</td><td>円</td><td>円</td><td>円</td></tr>
<tr><td>手当</td><td></td><td></td><td></td><td></td></tr>
<tr><td>手当</td><td></td><td></td><td></td><td></td></tr>
<tr><td>計</td><td>円</td><td>円</td><td>円 ㋔</td><td>円</td></tr>
<tr><td colspan="5">休業の事由</td></tr>
</table>

<table>
<tr><td rowspan="7">③<br>特別給与の額</td><td>支払年月日</td><td>支払額</td></tr>
<tr><td>20 年　12 月　10 日</td><td>500,000 円</td></tr>
<tr><td>21 年　 6 月　30 日</td><td>260,000 円</td></tr>
<tr><td>21 年　12 月　10 日</td><td>520,000 円</td></tr>
<tr><td>22 年　 6 月　30 日</td><td>270,000 円</td></tr>
<tr><td>　年　　月　　日</td><td>円</td></tr>
<tr><td>　年　　月　　日</td><td>円</td></tr>
<tr><td>　年　　月　　日</td><td>円</td></tr>
</table>

[注意]
　③欄には、負傷又は発病の日以前2年間(雇入後2年に満たない者については、雇入後の期間)に支払われた労働基準法第12条第4項の3箇月を超える期間ごとに支払われる賃金(特別給与)について記載してください。
　ただし、特別給与の支払時期の臨時的変更等の理由により負傷又は発病の日以前1年間に支払われた特別給与の総額を特別支給金の算定基礎とすることが適当でないと認められる場合以外は、負傷又は発病の日以前1年間に支払われた特別給与の総額を記載して差し支えありません。

# 9 治療開始後1年6か月経っても治らなかったときの届出

> 傷病補償年金の受給に切り換えるかどうかの判断が行われる

## ■ 給付基礎日額の245日分～313日分の年金が支給される

　療養開始後1年6か月が経過し、なおその傷病が治癒せず、障害の程度が傷病等級の第1級から第3級に該当する場合には、傷病補償年金が支給され、休業補償給付は打ち切られます。また、療養開始後1年6か月が経過した時点では傷病等級の第1級から第3級に該当していなくても、そのまま治癒せずに、同日以後に病等級の第1級から第3級に該当することとなった場合も、該当した時点より傷病補償年金が支給され、休業補償給付は打ち切られます。

【手続】
　傷病補償年金は所轄労働基準監督署長の職権により支給決定されますので、請求は行いません。療養開始後1年6か月が経過しても治癒していない場合、同日後1か月以内に傷病の状態等に関する届（次ページ）を提出します。なお届出用紙は、労働基準監督署より直接送付されてきます。

【添付書類】
　診断書など（傷病の状態を確認できるもの）が必要です。

【ポイント】
　傷病補償年金を受給中の労働者は、療養が必要なため、療養補償給付が併給されます。また、障害の程度に変更があった場合は、それ以後は、新しい傷病等級の傷病補償年金が支給されます。

## 書式 傷病の状態等に関する届

様式第16号の2

### 労働者災害補償保険
### 傷病の状態等に関する届

| ① 労働保険番号 | | | | |
|---|---|---|---|---|
| 府県 | 所掌 | 管轄 | 基幹番号 | 枝番号 |
| 13 | 1 | 09 | 123456 | |

③ 負傷又は発病年月日　21年1月24日

② 労働者の
- フリガナ：ホンダ カズヤ
- 氏名：本田 和也　（男・女）
- 生年月日：昭和56年6月23日（29歳）
- フリガナ：カワサキシ アソウク アソウ
- 住所：川崎市麻生区麻生1-6

④ 療養開始年月日　21年1月24日

⑤ 傷病の名称、部位及び状態　（診断書のとおり。）

⑥ 厚生年金保険等の受給関係
- 被保険者証等の記号番号
- 被保険者資格の取得年月日　年　月　日
- 年金の種類：厚生年金保険法の イ 障害年金 ロ 障害厚生年金／国民年金法の イ 障害年金 ロ 障害基礎年金／船員保険法の障害年金
- 当該傷病に関して支給される年金の種類等
  - 障害等級　　級
  - 支給される年金の額　　円
  - 支給されることとなった年月日　年　月　日
  - 年金証書の記号番号
  - 所轄社会保険事務所等

⑦ 添付する書類その他の資料名：診断書

⑧ 年金の払渡しを受けることを希望する金融機関又は郵便局
- 金融機関
  - ※金融機関店舗コード
  - 名称：東都　銀行・金庫・農協・漁協・信組　川崎　本店／支店
  - 預金通帳の記号番号：普通・当座　第1000012号
- 郵便局
  - ※郵便局コード
  - フリガナ／名称：　　　　郵便局
  - 所在地：都道府県　市郡区
  - 郵便貯金通帳の記号番号：第　　号

上記のとおり届けます。

郵便番号　231-0000
電話番号　044-323　局　5555番

22年8月5日

新宿 労働基準監督署長 殿

届出人の
住　川崎市麻生区麻生1-6
氏名　本田 和也　㊞

〔注意〕
1 ※印欄には記載しないこと
2 記載すべき事項のない欄には斜線を引き、事項を選択する場合には該当のない事項を消すこと。
3 ⑧については、傷病補償年金又は傷病年金を受けることとなる者において、傷病補償年金又は傷病年金の払渡しを金融機関から受けることを希望する者にあっては「金融機関」欄に、傷病補償年金又は傷病年金の払渡しを郵便局から受けることを希望する者にあっては「郵便局」欄に、それぞれ記載すること。
　なお、郵便局から払渡しを受けることを希望する場合であって振替預入によらないときは、「郵便貯金通帳の記号番号」の欄に記載する必要はないこと。
4 「届出人の氏名」の欄は、記名押印することに代えて、自筆による署名をすることができる。

（物品番号　6315）17.3

# 10 一定の遺族には労災保険の遺族（補償）年金が支払われる

遺族の生活費を保障するための給付である

### ■ 遺族（補償）年金が支給される遺族には優先順位がある

　業務上または通勤途中の事故などで労働者が死亡したとき、労働者に扶養されていた遺族がいる場合に遺族（補償）年金が支給されます。ただ、遺族は誰でもよいわけではありません。続柄や年齢などの制限があり受給権の順位も決まっていて最先順位にある遺族だけに支給されます。最先順位の遺族が死亡や婚姻などにより受給権者でなくなったときは、次の順位の遺族が受給することになります。これを**転給**といいます。遺族（補償）年金の給付額は、遺族の数に応じ給付基礎日額の153日分から245日分の年金です。

　253ページの表の中の55歳以上とされている者は、60歳になるまでの間年金の支給が停止されます。また、「18歳未満」というのは、18歳になって最初の３月31日までのことを意味します。

【請求手続】

　労働者の死亡日から５年以内に事業所管轄の労働基準監督署に遺族補償年金支給請求書（254ページ）を提出します。死亡の原因が通勤災害の場合には遺族年金支給請求書（様式第16号の８）を提出します。まとまった金銭をいっぺんに受給する必要性が生じた場合には、遺族（補償）年金前払一時金請求書を提出します。

　前述した転給に該当する事由が生じた場合には、転給により元の受給権者に代わって受給することになる者が遺族（補償）年金転給等請求書を提出します。

【添付書類】

①　死亡診断書など（死亡の事実を確認できるもの）

② 戸籍謄本（続柄、生年月日を確認できるもの）
③ 住民票と住民票除票など（生計維持関係を確認できるもの）
④ 受給権者が2人以上いる場合は遺族（補償）年金代表者選任届
⑤ 障害の状態にある遺族の場合はその診断書
⑥ その他必要な書類（労働基準監督署の求めに応じて提出します）

【ポイント】
・業務上の災害による場合（遺族補償年金）と通勤途上の災害による場合（遺族年金）とで請求用紙が異なります。
・遺族（補償）年金支給請求書の記載欄⑦の平均賃金と⑧の特別給与の総額（年額）については、死亡労働者が休業給付を受けていない場合は平均賃金算定内訳（様式第8号の別紙）を添付します。
・記載欄⑧の特別給与の総額は、被災日以前1年間に支払われた賞与の総額を記入します。
・⑩の請求人（申請人）は、年金受給権のある遺族で第1順位の者を記入します。
・⑪の請求人以外の遺族（補償）年金を受けることができる遺族は、第2順位以下の遺族を記入します。

【参考】
　障害（補償）年金、遺族（補償）年金の受給権者が希望した場合、これから受給する年金を前払いで一時金として受給できる制度があります。年金は本来、生活補償的な意味合いの強い給付ですが、実際には、労働者の死亡直後の遺族の出費（葬儀費用など）など当座の費用が高額になることも少なくありません。そこで前払一時金の制度が設けられています。前払一時金の請求は障害（補償）年金または遺族（補償）年金請求手続きと同時に行いますが、年金の支給決定通知のあった日の翌日から1年以内であれば年金請求手続き後でも請求することができます。請求できるのは1回限りです。
　遺族（補償）年金の受給権者のうち、55歳以上60歳未満の夫で、年

金の支給開始が60歳からとなっている場合など（若年停止）でも、前払一時金の請求をすることができます。

前払一時金が支給されると、その後の年金は支給を受けた前払一時金の額に達するまで支給が停止されます。

---

【例】業務上死亡被災労働者の平均賃金300,000円
　　遺族…妻、10歳の子、8歳の子の3人だけ
　　・遺族補償年金…給付基礎日額223日分
　　　　　　　　　223万円（年額）
　　・遺族補償前払一時金給付基礎日額の600日分を希望した場合
　　　　　　前払一時金…600万円
　　　　　　年金支給停止期間…約2年8か月（600日分）

---

前払いとして受給できるのは、遺族（補償）年金前払一時金の場合は、給付基礎日額の200日分、400日分、600日分、800日分、1000日分の中から受給権者が選択します。

■ 受給資格のある遺族とその順位

| 順位 | 遺族 | 要件 |
|---|---|---|
| 1 | 配偶者（内縁含む） | 夫の場合は60歳以上または障害状態にあること |
| 2 | 子 | 18歳未満または障害状態にあること |
| 3 | 父母 | 60歳以上または障害状態にあること |
| 4 | 孫 | 18歳未満または障害状態にあること |
| 5 | 祖父母 | 60歳以上または障害状態にあること |
| 6 | 兄弟姉妹 | 18歳未満または60歳以上または障害状態にあること |
| 7 | 夫 | 55歳以上60歳未満であること |
| 8 | 父母 | 55歳以上60歳未満であること |
| 9 | 祖父母 | 55歳以上60歳未満であること |
| 10 | 兄弟姉妹 | 55歳以上60歳未満であること |

# 書式　遺族補償年金支給請求書

様式第12号（表面）　　　　　　　　　　　　（年金新規報告書提出）

**業務災害用**　労働者災害補償保険　遺族補償年金支給請求書／遺族特別支給金・遺族特別年金　支給申請書

| ① 労働保険番号 | | | | |
|---|---|---|---|---|
| 府県 | 所掌 | 管轄 | 基幹番号 | 枝番号 |
| 13 | 1 | 09 | 123456 | |

| ② 年金証書の番号 | | | | |
|---|---|---|---|---|
| 管轄局 | 種別 | 西暦年 | 番号 | 枝番号 |
| | | | | |

③ 死亡労働者の
- フリガナ：アサイ　アキオ
- 氏名：朝井　明夫（男・女）
- 生年月日：昭49年 6月 25日（36歳）
- 職種：営業
- 所属事業場名称・所在地：

④ 負傷又は発病年月日：22年 7月 21日　午後 2時 30分頃

⑤ 死亡年月日：22年 12月 7日

⑦ 平均賃金：10,253円 16銭 (7)

⑧ 特別給与の総額（年額）：850,000円 (8)

⑥ 災害の原因及び発生状況

得意先に新製品の説明をするため、社用車で向かっていたところ、品川区大崎駅前の交差点で右折する際に直進車と衝突し死亡した。

⑨ 厚生年金保険等の受給関係

| ㋑ 死亡労働者の基礎年金番号及び厚生年金等の年金証書の年金コード | | ㋺ 死亡労働者の被保険者資格の取得年月日 | 19年 5月 1日 |
|---|---|---|---|
| ㋩ 当該死亡に関して支給される年金の種類 | | | |
| 厚生年金保険法の　イ 遺族年金　㋺ 遺族厚生年金 | 国民年金法の　イ 母子年金　ロ 準母子年金　ハ 遺児年金　ニ 寡婦年金　ホ 遺族基礎年金 | 船員保険法の遺族年金 | |
| 支給される年金の額 | 支給されることとなった年月日 | 基礎年金番号及び厚生年金等の年金証書の年金コード | 所轄社会保険事務所等 |
| 円 | 年　月　日 | | |

③の者については、④、⑥から⑧まで並びに⑨の㋑及び㋺に記載したとおりであることを証明します。

23年 1月 16日

事業の名称　株式会社　南北商会　　電話番号 1234局 5678番

郵便番号 160-9999

事業場の所在地　新宿区東新宿１－２－３

事業主の氏名　代表取締役　南山　次郎　（代表者印）㊞

（法人その他の団体であるときはその名称及び代表者の氏名）

〔注意〕⑨の㋑及び㋺については、③の者が厚生年金保険の被保険者である場合に限り証明すること。

(10)

| ⑩ 請求人 申請人 | 氏名（フリガナ） | 生年月日 | 住所（フリガナ） | 死亡労働者との関係 | 障害の有無 | 請求人（申請人）の代表者を選任しないときは、その理由 |
|---|---|---|---|---|---|---|
| | 朝井　昌子（アサイ　マサコ） | 昭51・12・8 | 品川区西品川３－８－４（シナガワクニシシナガワ） | 妻 | ある・㋨ない | |
| | | ・　・ | | | ある・ない | |
| | | ・　・ | | | ある・ない | |
| | | ・　・ | | | ある・ない | |

(11)

| ⑪ 請求人（申請人）以外の遺族補償年金を受けることができる遺族 | 氏名（フリガナ） | 生年月日 | 住所（フリガナ） | 死亡労働者との関係 | 障害の有無 | 請求人（申請人）と生計を同じくしているか |
|---|---|---|---|---|---|---|
| | 朝井　明子（アサイ　アキコ） | 平18・6・10 | 品川区西品川３－８－４（シナガワクニシシナガワ） | 長女 | ある・㋨ない | ㋑いる・いない |
| | | ・　・ | | | ある・ない | いる・いない |
| | | ・　・ | | | ある・ない | いる・いない |
| | | ・　・ | | | ある・ない | いる・いない |

⑫ 添付する書類その他の資料名

| ⑬ 年金の払渡しを受けることを希望する金融機関又は郵便局 | | | |
|---|---|---|---|
| 金融機関 | 名称 | ※金融機関店舗コード　東都　銀行・金庫・農協・漁協・信組　品川　本店・支店 | |
| | 預金通帳の記号番号 | 第 345678 号 | |
| 郵便貯金銀行の支店等又は郵便局 | | ※郵便局コード | |
| | フリガナ／名称 | | |
| | 所在地 | 都道府県　市郡区 | |
| | 預金通帳の記号番号 | 第　号 | |

上記により　遺族補償年金の支給を請求します。遺族特別支給金・遺族特別年金の支給を申請します。

郵便番号141-0000　電話番号 3456局 6543番

23年 1月 18日

請求人・申請人の（代表者）　住所　品川区西品川３－８－４　　氏名　朝井　昌子　㊞

新宿　労働基準監督署長　殿

| 特別支給金について口座振込を希望する銀行等の名称 | | 預金の種類及び口座番号 |
|---|---|---|
| 東都　㋖銀行・金庫　農協・漁協・信組 | 品川　本店・㋛支店・支所 | ㋭普通・当座　第 345678 号　名義人　朝井　昌子 |

（物品番号 6312） 21.9

③の死亡労働者の所属事業場名称・所在地欄には、死亡労働者の直接所属する事業場が一括適用の取扱いをしている支店、工場、工場現場等の場合に記入して下さい。

## 11 被災した場合に勤務中であればどうする

仕事中に被災した場合に、労災と認定されるケースもある

### ■ 労災にあたるのか

　仕事中に地震が起こってケガをしたケースは労災と認定されるのでしょうか。もし労災と認定されれば手厚い保障が受けられるので大きなメリットがあります。

　しかし、仕事中に自然災害が発生し、それが原因でケガをした場合には、労災と認定されないことが一般的です。労災は、業務に起因するケガについて保障を行うものですが、災害によるケガは、業務に起因するものとは言えないからです。

　ただ、東日本大震災や阪神淡路大震災規模の自然災害では、労災と認定されるケースもあります。

　たとえば、東日本大震災において、厚生労働省は、仕事中に地震や津波に遭ってケガをした場合、通常、地震によって建物が倒壊したり、津波にのみ込まれるという危険な環境下で仕事をしていたと認められるため、業務災害として労災保険給付を受けることができるとの見解を示しています。また、震災により行方不明となった場合ついても、死亡が判明した場合、あるいは、行方不明となった時から１年後に死亡とみなされた場合（民法31条）に、労災保険の遺族補償給付の請求ができるとしています。

　このように、仕事中に被災してケガをした場合に、労災と認定されるケースがあります。「自然災害によるケガは労災の対象外」と決めつけて、申請しないでおくと、もらえるはずのお金が貰えなくなり損をしてしまいます。まずは最寄りの労働基準監督署に相談しましょう。

【監修者紹介】
森本　幸人（もりもと　ゆきと）
1954年熊本生まれ。早稲田大学法学部卒業。社会保険労務士・ファイナンシャルプランナー（CFP、1級FP技能士）。
講演会の講師として全国で年間200回前後の講演を行っている。わかりやすい講演として評判で、中でも「定年後安心案内セミナー」は、年金・健康保険・生きがいなどの定年後の心配事をわかりやすく解説している。
監修書に『知りたいことがよくわかる　実践退職計画』『最新版　医療保険と公的年金のしくみと手続き』（小社刊）がある。

森本FP社労士事務所
http://fpmorimoto.com/

## すぐに役立つ
## 損害保険のしくみと病気・災害・事故の
## トラブル解決手続きマニュアル

2011年9月10日　第1刷発行

監修者　　森本幸人
発行者　　前田俊秀
発行所　　株式会社三修社
　　　　　〒150-0001　東京都渋谷区神宮前2-2-22
　　　　　TEL　03-3405-4511　FAX　03-3405-4522
　　　　　振替　00190-9-72758
　　　　　http://www.sanshusha.co.jp
　　　　　編集担当　北村英治
印刷・製本　萩原印刷株式会社

©2011 Y. Morimoto Printed in Japan
ISBN978-4-384-04425-6 C2032

®〈日本複写権センター委託出版物〉
本書を無断で複写複製（コピー）することは、著作権法上の例外を除き、禁じられています。本書をコピーされる場合は事前に日本複写権センター（JRRC）の許諾を受けてください。
JRRC（http://www.jrrc.or.jp　e-mail：info@jrrc.or.jp　電話：03-3401-2382）